**여자가 리더로 성공하는
30가지 비결**

리더에게 인정받고 팔로워에게 신뢰받는
탁월한 여성 리더는 무엇이 다른가
여자가 리더로 성공하는 30가지 비결

초판 1쇄 발행 2017년 5월 29일
초판 2쇄 발행 2018년 9월 6일

지은이 김연주

발행인 백유미 조영석
발행처 (주)라온아시아
주소 서울시 서초구 효령로 34길 4, 프린스효령빌딩 5F

등록 2016년 7월 5일 제 2016-000141호
전화 070-7600-8230 **팩스** 070-4754-2473

값 13,800원
ISBN 979-11-5532-280-2 13320

※ 라온북은 (주)라온아시아의 퍼스널 브랜딩 브랜드입니다.
※ 이 책은 저작권법에 따라 보호를 받는 저작물이므로 무단전재 및 복제를 금합니다.
※ 잘못된 책은 구입하신 서점에서 바꾸어 드립니다.

라온북은 독자 여러분의 소중한 원고를 기다리고 있습니다. (raonbook@raonasia.co.kr)

직장인 처세의 기술 3

리더에게 인정받고 팔로워에게 신뢰받는
탁월한 여성 리더는 무엇이 다른가

여자가 리더로 성공하는
30가지 비결

| 김연주 지음 |

RAON
BOOK

:: 프롤로그 ::

진짜 리더가 되고 싶은 당신에게

　어떤 집단이든 조직에는 반드시 리더는 존재한다. 가정이나 학교, 직장뿐 아니라 심지어 친구 모임에서도 리더는 존재한다.
　리더란 무엇인가? 현대 사회에 들어 직장인을 위한 자기계발서 및 리더의 덕목과 조건에 관한 무수히 많은 서적이 등장했다. 그러나 '리더란 무엇인가'가 중요한 게 아니다. 이미 우리 주변에는 많은 리더가 있다. 하지만 진정한 리더, 가슴으로 다가가 소통할 줄 아는 리더를 만나기란 쉽지 않다. 이제 우리는 진심으로 실력과 인성을 겸비한 믿음직한 리더, 나의 고충을 이해해주고 공감해주는 소통의 리더를 원한다.
　2017년 1월, 나는 37년간 근속한 외환은행에서 지점장으로 퇴임했다. 보수적인 문화인 은행권에서 여성 리더로 살아가기란 쉽지 않았지만, 그래도 열심히 잘해냈다고 스스로를 평가한다.

나는 성공한 여성은 아니다. 다만 37년간 꾸준히 한 직장에 근무하며 여성 리더로서의 길을 걸어왔다는 것이 특별할 뿐. 그 과정은 결코 순탄하지도, 평범하지도 않았기에 나는 나를 남들과는 조금 다르고 특별한 사람으로 평가한다.

'유리천장'이라는 용어를 들어본 적이 있는가? 눈에 보이지 않지만 결코 깨뜨릴 수 없는 장벽이라는 의미로, 남성 못지않은 아니 그보다 월등한 능력과 자격을 갖추었음에도 여성에 대한 부정적 인식 때문에 고위직으로의 승진이 제약되는 상황을 비판적으로 표현한 말이다. 예전보다 많이 나아졌다지만, 내가 첫 신임책임자로 발령받았던 20여 년 전이나 지금이나 유리천장은 여전히 존재한다. 관행처럼 굳어진 불합리한 처우에 맞서 유리천장을 깨기란 쉬운 일은 아니다. 그러나 분명한 점은 여러 분야에서 유리천장이 점점 얇아지고 사라지고 있다는 것이다.

리더가 되기 위해서 여성이 남성보다 넘어야 할 장애물이 많은 것은 사실이지만 나는 오히려 여성이기에, 여성만이 갖는 장점이 분명히 존재한다고 본다. 바로 여성 특유의 섬세함과 친화력, 청렴성이다. 예전에는 금융권에서 신규고객을 유치할 때 남성 직원들이 믿음직하다는 인식이 강했지만, 요즘엔 오히려 여성 직원의 친화력이 핵심 경쟁력으로 꼽히고 있다. 거기에 성(性)에 관계없이 오로지 개인의 실적에 의해 평가받는 성과주의 중심 문화가 확산되고 있어 그동안 승진에서 밀렸던 여성들이 남성들과 동등하게 일할 수 있는 환경이 조성된 셈이다.

내가 사회생활을 시작했을 때만 해도 대다수 여성은 위험을 기피하고 도전적 업무를 거부하며 현실에 안주하려는 경향이 있었다. 또 자기 생각이나 의견을 말하고 표현하기를 꺼렸다. 따라서 내 생각과 주장을 상대방에게 전달해 설득시키고 공감을 얻는, 즉 커뮤니케이션 능력의 부재로 실력보다 저평가 받으며 여성들 스스로 리더로서의 길을 포기해버린 셈이었다.

세상은 변하고 있다. 시키는 것만 묵묵히 수행하는 과묵함을 미덕으로 삼던 시대는 지났다. 리스크를 감수하고 새로운 일, 시도해보지 않았던 일에도 도전하고 성공해 당당히 승진을 요구해야 한다.

나는 일반적인 은행업무인 PB(VIP고객관리), 외국환, 여신, 수출입 등 은행 고유 업무뿐 아니라 감사부 검사역(영업점 업무감사 및 사고예방 교육), BSP(항공권 은행 집중 결제), 은행 CF제작 및 방송, 각종 옥외광고 제작, 은행상품 브로셔 및 DM 제작, KEB외환은행 CI개편 프로젝트 총괄(2007~2008년) 및 KPGA 공식대회인 한중투어 "KEB 인비테이셔널 골프대회" 창설(2008년) 프로젝트 총괄 및 진행(2008~2009, 한국 및 중국에서 3회), 은행 유니폼 모델(2년), 신입직원 면접관(2년) 등 다양한 업무를 수행해왔다. 일반 은행원으로서는 경험하기 힘든 일들을 해내며 여성이 아닌 그저 직원으로 평가받기를 원했다. 결과적으로 나는 여성이라는 핸디캡을 뛰어넘어 오히려 그것을 장점으로 승화시키며 성장할 수 있었다.

사랑과 존경을 받는 리더가 되고 싶다면 사심을 버려야 한다. 그것이 첫 번째이자 가장 중요한 리더의 덕목이다. 또한, 상대방에게 자기 생각을 전달하고 설득하고 공감할 줄 아는 소통능력도 필요하다. 21세기에는 성실하기만 한 팀원, 팀장을 원하지 않는다. 열심히 최선을 다해 노력하는 것은 기본이고, 나와 생각이 다른 상대방을 설득하여 공감을 이끌어내는 노력이 무엇보다 중요하다.

마지막으로 리더는 반드시 책임을 질 줄 알아야 한다. 리스크를 두려워한다면 리더로서의 기본이 결여된 것이라 하겠다. 욕심을 감추고 소극적으로 대처하고 행동하는 사람은 어떤 분야에서도 성공할 수 없고 결코 리더도 될 수 없다. 할 수 있다는 자신감을 가지고 열정적으로 임하며 자신을 어필할 줄 아는 사람만이 리더가 된다.

이제 나는 은행이라는 조직의 리더에서 또 다른 인생을 위한 도전을 시작하려 한다. 그 첫걸음은 나의 이야기를 책으로 엮는 것이다. 그것은 외환은행 입행 후 37년의 직장생활을 잘 마무리한 나에게 주는 선물이기도 하다.

또한, 외환은행이라는 거대한 조직에서 실제 겪은 다양한 사례와 문제해결을 위한 노하우, 그 과정에서 내가 얻은 교훈들이 담긴 이 책이 리더이거나 또는 관리자가 되고자 오늘도 치열하게 살아내는 후배들에게 조금이나마 도움이 되길 간절히 바란다.

김연주

프롤로그　진짜 리더가 되고 싶은 당신에게 ……　4

1장　어떤 인생을 살 것인지 결정하라

꿈의 차이가 현재를 바꾼다 …… 12
전사처럼 용맹하고 당당하게 일하라 …… 20
나니까 할 수 있다고 믿는 사람 …… 27
얻고 잃는 것을 확실히 알다 …… 32
멀리 보고 가는 길은 외롭지 않다 …… 38
긍정마인드로 즐기는 하루의 힘 …… 44
열정이 습관화되면 성공이 절로 따른다 …… 49

2장　험난한 직장생활에서 나만의 무기를 만드는 법

나만의 컬러를 드러내라 …… 58
멘토가 있는 사람은 다르다 …… 64
좋은 사람들끼리 주고받는 에너지를 흡수하라 …… 71
나를 위한 스펙을 쌓아라 …… 77
현실이 힘들다면 전환모드를 경험하라 …… 82

3장 리더로서 팔로워를 이끄는 법

한 사람 한 사람의 가치를 아는 사람 ······ 92
고기를 잡아 주는 게 아니라 고기 잡는 법을 알려준다 ······ 100
코치, 멘토의 역할을 수행하라 ······ 106
시대가 원하는 새로운 리더 ······ 112
개인의 역량을 채워주는 리더 ······ 117
뒤돌아서면 고마운 선배가 되어라 ······ 123

4장 역량 있는 리더로 성장하는 법

리더에게 원칙이 필요한 이유 ······ 132
경영자적 사고로 일하는 사람 ······ 140
책임감이 없다면 일하지 마라 ······ 146
빠른 의사결정의 비밀 ······ 151
판을 읽을 줄 아는 능력을 키워라 ······ 158
경청의 달인이 되어라 ······ 162

5장 사람을 바라보는 리더는 무엇이 다른가

칭찬을 잘하는 리더가 좋은 리더인 이유 ······ 170
마음을 움직이게 하는 리더 ······ 177
주기적으로 나를 평가받아라 ······ 183
위기관리, 문제해결 능력을 키워라 ······ 191
질책은 모든 문제가 해결된 후 하라 ······ 198
모든 이의 네비게이션이 되어라 ······ 204

에필로그 '사람'을 바라보는 리더가 되십시오 ······ 209
부록 팔로워를 이끄는 리더의 비결 Q&A ······ 212

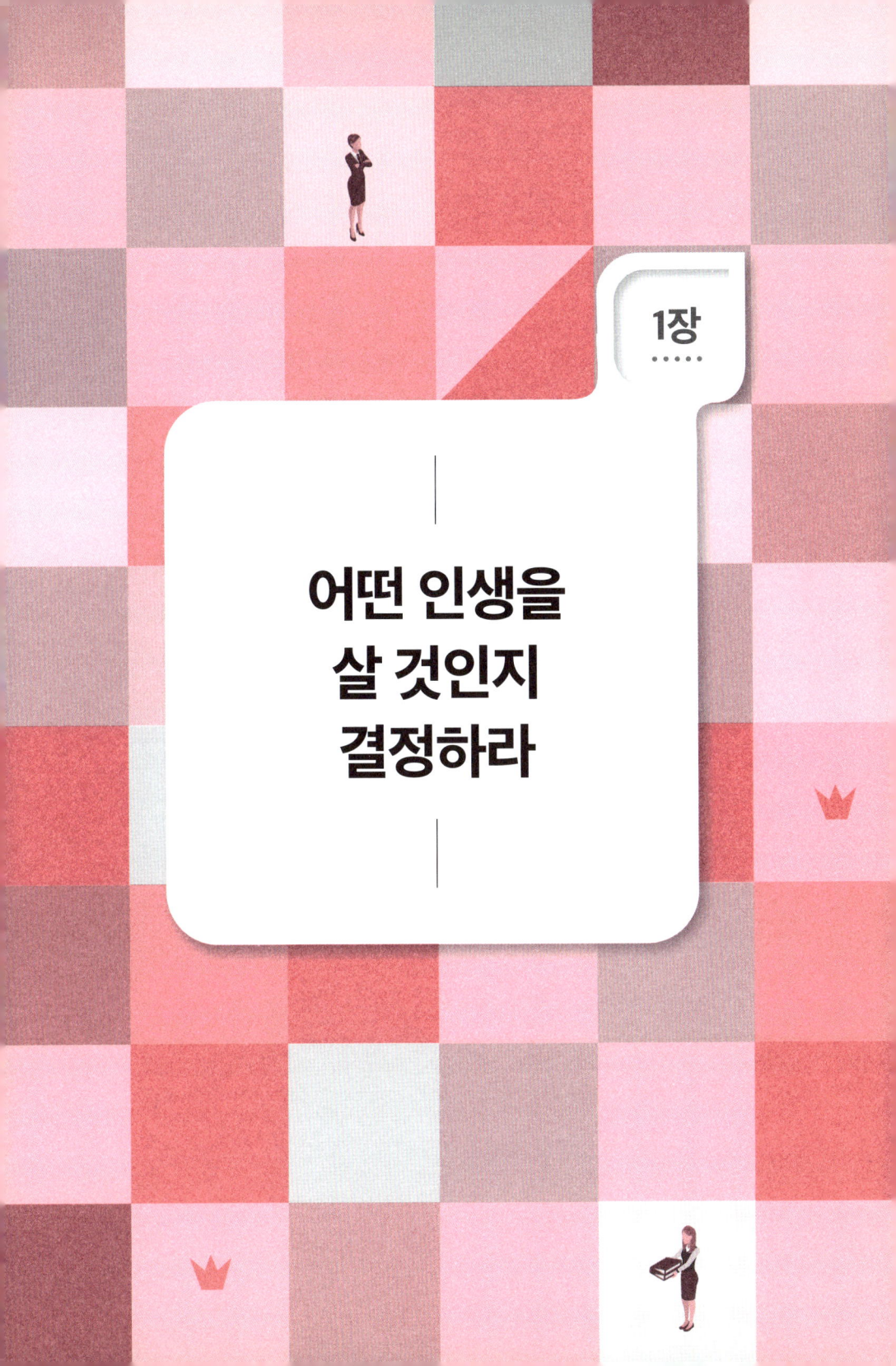

1장

어떤 인생을
살 것인지
결정하라

꿈의 차이가
현재를 바꾼다

내 어릴 적 꿈은 선생님이 되는 것이었다. 초등학교 때 유달리 나를 예뻐했던 담임선생님처럼 좋은 선생님이 되고 싶었다. 나는 서울사대부속중학교에 다니면서 사범대학교 진학 후 교사가 되겠다는 구체적인 계획을 세우기도 했었다. 하지만 그 꿈은 오래가지 못했다. 중학교 2학년, 열다섯 살 어린 나이에 나의 정신적 지주이자 가장 사랑하는 아버지께서 갑작스럽게 돌아가셨기 때문이다.

우리 가족은 내가 일곱 살 되던 해에 고향인 충청남도 아산(온양)에서 서울로 이사했다. 그래서 나는 방학만 되면 조부모님을 비롯한 많은 친척이 계시는 시골로 내려가 여름이면 냇가에서 수영하고 각종 곤충채집에, 겨울에는 참새를 잡아 구워먹고 얼굴만 숨기는 꿩을 잡

으러 산골짜기를 여기저기 헤매고 다녔다. 그러다 배가 고프면 지천에 널린 열매를 따 먹고 칡도 캐 먹고 자치기, 제기차기, 연날리기 등을 하며 신 나게 놀았다.

시골에서의 모든 경험이 즐겁고 흥미로웠지만, 그중에서도 가장 좋았던 것은 마을 어르신들이 나에게 해주시던 말씀이었다. "네가 건상이 딸이로구나!" "녀석 참, 애비를 쏙 닮았네." 나는 내가 아버지의 딸이고, 아버지를 닮았다는 말을 듣는 게 마냥 좋았고 어깨가 으쓱해질 정도로 자랑스러웠다.

그렇기에 아버지의 죽음은 나에게 너무 큰 상처였다. 그토록 존경하고 사랑했던 아버지가 돌아가시고 난 후 나는 아주 오랫동안 아버지를 원망했다. 풍요로웠던 생활이 궁핍해지는 것이 싫었고, 더 이상 아버지를 자랑할 수가 없어 안타까웠으며, 무엇보다 너무 보고 싶은데 더는 볼 수 없다는 사실에 절망했다.

남편의 죽음 이후 마음의 병이 깊어져 급기야 심장병을 얻게 된 어머니와 어린 동생들을 보며, 나는 이제 아버지를 대신할 우리 집의 가장이 되어야겠다고 결심했다. 그렇게 생계를 위해 취업에 유리한 상업고등학교에 진학했다. 교사라는 꿈도, 사범대학교 진학도 포기할 수밖에 없었다. 1980년 2월, 나는 상고를 졸업하고 곧바로 한국외환은행에 입행했다. 그렇게 내 꿈은 사라졌다.

나에게 다시 꿈이 생긴 이유

은행에 입행한 후에는 어떤 구체적인 목표나 꿈도 없었다. 내게 직장이란 그저 돈을 벌기 위해 다니는 곳, 그 이상도 이하도 아니었다. 무의미한 일상이 계속되었다. 직장을 다닌 지 9년 정도 지났을 무렵, 그동안 친구들 대부분은 시집을 갔고 마지막 남은 가장 친한 친구마저 결혼해 지방으로 내려가 버리자 나는 매일 똑같이 직장에 다니는 게 무료해졌다. 마치 연애에서 권태기가 찾아온 것처럼.

무료한 일상에 돌파구가 필요했다. 나는 처음으로 해외여행을 가기로 결심하고 직장선배와 인도네시아 발리와 싱가포르 여행계획을 세웠다. 그때만 해도 은행은 공공기관이어서 행원이 해외여행을 가기 위해서는 인사부서에 신고를 해야 했다. 하지만 선배와 나는 주변에 알리지 않고 조용히 첫 해외여행의 길을 떠났다.

별다른 기대 없이 시작한 여행은 내 인생에 큰 변화를 안겨주었다. 발리의 낭만적인 바닷가, 럭셔리한 리조트, 열악하지만 활기가 넘쳤던 자카르타, 선진도시 싱가포르의 화려한 모습은 그동안 우물 안 개구리처럼 살아왔던 내게 신선한 충격으로 다가왔다. 타국에서의 새로운 경험은 나에게 또 다른 나라, 다른 세상을 향한 궁금증을 일깨워주었고, 여행을 자주 다니고 싶다는 욕심도 갖게 해주었다. 그러자 '시집만 가면 그만두어야지' 했던 회사에 대한 생각이 조금씩 바뀌었다. 비로소 나에게도 직장 생활의 목표가 생긴 것이다.

여행을 다니기 위해서는 '시간'과 '돈'이 필요했다. 그렇기에 나는 계속 직장을 다녀야 했고 여러 가지 측면에서 내 직장은 꽤 괜찮은 곳이라는 해석과 결론에 이르렀다.

이후 나의 마음가짐은 180도 달라졌다. 나는 조금 늦었지만 '행원전직고시' 및 '책임자 승진고시'를 준비하며 미래를 준비하기 시작했다. 책임자승진고시를 위해 1년 동안 영어학원에 다니고 행정고시학원에서는 민법을 배웠으며, 실무지식 습득을 위해 매일 퇴근 후 은행 도서관에서 수신, 외국환, 은행회계 등을 공부했다.

그렇게 책임자승진고시를 통과해 책임자가 되었지만, 일반 남성들에 비해서는 3, 4년 늦은 시작이었다. 그 격차를 직급 승진에서 줄여야겠다는 생각으로 과장–차장–지점장 과정을 예상 연도별로 계획해 보았다. 되돌아보면 예상보다 조금 앞당겨지기도, 늦춰지기도 했지만 예상범위에서 크게 벗어나지는 않았다. 내 노력여하에 따라 한 단계씩 올라가는 재미도 있었고 전혀 해보지 않았던 새로운 일에 도전하는 즐거움도 알게 되었다. 나는 어느새 일반 사원에서 책임자, 책임자에서 관리자를 꿈꾸게 되었다.

2007년, 나는 드디어 꿈꾸던 관리자가 되었다. 두렵고 힘들었던 순간도 많았지만, 즐겁고 행복하고 뿌듯했던 보람 있는 시간으로 기억되는 37년의 시간을 선물해준 KEB조직이 너무 감사하다.

꿈은 크고 구체적으로 꾸는 것이다

하버드대 학생을 대상으로 한 꿈에 관한 유명한 실험사례를 읽은 적이 있다. 하버드 졸업생들에게 미래의 꿈을 적어보라고 했더니 목표를 정했거나 구체적으로 적은 사람은 20%뿐이었고 나머지 80%는 목표가 없다고 답했다. 30년 후, 이들의 모습을 추적해보았더니 목표가 없던 사람들 대다수는 조금 힘든 삶을 살아가고 있었고, 구체적이지는 않지만 막연하게나마 꿈을 적은 사람들은 조금 더 나은 중산층의 삶을 살고 있었으며, 명확한 꿈을 가지고 구체적인 목표를 세운 사람들은 사회적으로 성공한 삶을 살고 있었다고 한다.

이 실험에서 알 수 있듯이 꿈이 있는 사람과 없는 사람의 차이는 훗날 극명하게 나뉜다. 실현 가능성이 적어 보이는 꿈이지만 그 꿈을 바탕으로 구체적인 목표를 세우고 하루하루 최선을 다하는 사람과 꿈도 없이 시간만 흘려보내는 사람의 결과는 다를 수밖에 없다. 이렇듯 꿈은 우리의 인생을 성공으로 이끄는 데 아주 중요한 역할을 한다.

요즘 젊은 세대는 일을 통해 삶의 의미를 찾고 가치 있는 일에 중점을 둔다. 일할 때 즐거워야 몰입하고 자신이 가진 최대의 능력을 발휘한다고 한다. 다시 말해 수평적이고 자유로운 분위기의 조직을 원한다는 것이다. 그러나 이것이야말로 꿈일 뿐, 그럴 수 없는 것이 현실이다.

1980년, 나와 같은 해에 입행한 동료의 숫자는 300명이 넘었다. 그런데 2017년, 나를 포함해 최고관리자로 퇴직한 이는 40명이 채 안 된다. 1997년 IMF 이전에는 첫 직장이 곧 평생직장이라는 인식이 지배적이었으나 IMF 및 2008년 세계금융을 뒤흔들었던 리먼 브러더스 사태를 겪으며 많은 직장인이 본인 의사와는 상관없이 직장을 그만두어야만 했다.

이제 더 이상 '평생직장'이라는 말이 통용되지 않는 시대가 오고야 말았다. 따라서 구직을 원하는 사람이나 현재 직장을 다니고 있는 사람은 자신의 꿈이 무엇인지, 삶의 지표, 중히 여기는 가치를 어디에 둘 것인지를 충분히 고민하고 생각해야 한다. 자신이 어떤 일을 할 때 흥미를 가지고 최상의 열정을 쏟을 수 있는지, 남들과 다른 나만의 경쟁력은 무엇인지 찾아내서 차별화시켜야 한다. 현재 어떤 직장에 다니고 있든 구체적으로 계획을 수립하고 채워나가는 노력이 반드시 필요하다는 뜻이다.

남들보다 앞서고 싶고 성공하고 싶다면 먼저 꿈을 가져라. 그 꿈은 클수록 좋고, 계획은 구체적이어야 한다.

시야를 넓히고 사고의 영역을 넓히는 시간

꿈을 구체적으로 계획했다면 끈기 있게 실행해나가야 한다. 꿈을 이루기 위해서는 부단한 노력이 필요하다. 다만 과속은 금물이다.

내가 지점장이 되었을 때 선배지점장께서 하신 말씀이 있다. "목표를 위해 너무 서두르지 마라! 악셀레이터를 세게 밟아선 안 된다." 무조건 빨리, 먼저 가려고 서두르다 보면 리스크가 생기기 마련이다. 생각지도 못했던 변수에 휘말려 포기든 실패든 좋지 않은 결과를 초래한다. 실제로 지점장 시절 동료 지점장들이 과속으로 피해(지나친 성과주의에 편중하여 윤리경영 위배, 부실 여신 취급, 일방적인 지시와 명령으로 인한 직원 간 불협화음 등)를 입는 경우를 종종 보았다.

멀리 있는 꿈에 도달하려면 제한속도로 꾸준히 성실하게 가야 한다. 꿈을 향해 쉬지 않고 천천히 달리며 때때로 창밖의 풍경도 감상해보자. 시야를 넓히고 사고의 영역을 넓히는 시간은 반드시 필요하다. 안목에 투자하라는 것이다. 안목이 넓어지면 업무처리에 있어서도 다양한 아이디어가 나오고 직원들이나 고객과의 대화에서도 차별성이 느껴진다. 사고의 영역이 편협하고 트렌드를 읽는 안목이 없다면 꿈을 이룰 수 없다.

안목을 넓히는 방법으로 내가 추천하고 싶은 것은 여행이다. 물론 책에서 얻을 수 있는 간접경험과 지식도 중요하지만 직접 체험을 통해 얻는 것과는 비교할 수 없을 정도로 큰 차이가 있다. 북경의 자금성을 보고 나면 우리나라의 경복궁이 다시 보이고, 명나라를 거치며 청나라까지 조선시대 우리와의 관계 속에서 지금의 현실을 유추해볼 수도 있다.

생각을 키우고 안목을 넓히는 방법은 여행뿐 아니라 독서, 영화 다양한 분야의 사람들과의 교류 등 셀 수 없을 만큼 다양하다. 자신의 상황이나 여건에 맞는 방법을 골라 시작하면 된다. 나는 평상시에 좋은 사람들과 많은 시간을 함께 한다. 좋은 이들과의 만남은 긍정에너지를 충전하고 그들의 생각을 통해 새로운 것을 배우고 느끼게 되는 유익한 시간이다. 상사나 부하직원의 험담이나 불평불만을 늘어놓는 술자리나 식사자리 같은 비생산적인 시간은 지양해야 한다.

'다달이 월급을 받기 위해, 남들 보기에 좋은 대기업이니까….' 이런 생각으로 현재 직장을 다니고 있다면 당장 하던 일을 멈추고 꿈부터 찾아라. 꿈도 계획도 없는 무기력한 직장생활은 당신을 권태와 무기력이라는 나락으로 빠뜨릴 뿐이다. 안 된다고 징징대지 마라. 꿈을 갖고 자신만의 재능과 무기를 갈고닦는 노력을 한다면 되지 않을 리가 없다. 계획대로 실행하다 보면 그 꿈은 반드시 현실이 된다.

전사처럼
용맹하고 당당하게 일하라

누군가를 밟고 일어서야 한다는 생각은 절대 금물이다. 나의 성공을 위해, 이익을 위해 반드시 누군가를 이겨야 하는 것은 아니다. 적을 없애야만 내가 우뚝 설 수 있다는 생각은 잘못된 것이다. 아군을 만들기 위해 무리할 필요도 없다. 열심히, 꿋꿋이 내 길을 가다 보면 어느새 든든한 아군들이 곁에 함께할 것이다.

열심히 하면 반드시 알아준다

나는 정확하고 신속하게 일을 처리해나가는 것이 재미있었다. 물론 보람을 느끼는 것도 좋았지만 빠릿빠릿하게 일을 해결해나가는 과정 자체를 즐겼던 것 같다.

　광고디자인팀 팀장 시절 나에게 주어진 두 개의 큰 프로젝트가 있었다. 하나는 29년간 사용해오던 KEB외환은행 CI(Corporate Identity 기업의 이미지)변경 프로젝트였고, 다른 하나는 스포츠 마케팅 일환인 골프대회 창설 프로젝트였다.

　지난 40년간 대한민국의 경제발전과 맥을 같이하면서 고객과 함께 성장해온 외환은행이 새로운 도약을 다짐하는 차원에서 실시하는 은행 CI개편 프로젝트 범위는 상당히 광범위했다. 최상의 금융서비스를 제공하는 글로벌 뱅크 외환은행의 역량과 의지를 담아내야 했다.

　당행의 이미지 컨설팅을 비롯한 다양한 계층으로부터의 의견 수렴, 국제적 감각의 디자인 회사 선정, 각종 서식 및 양식 재정비, 홈페이지 변경, 영업점 간판 등 막대한 업무를 위해 테스크포스팀을 결성했다.

　TFT팀은 우리 팀의 상근 직원과 주요 관련 부서 직원을 비상근 인원으로 활용하는 수시 협력체계 시스템으로 구성하였다. 진행과정 중에 임원 및 사외이사 등 다양한 계층을 대상으로 여러 번 PT를 해야 했다.

　발표할 내용에 대한 원고를 작성하고 주어진 시간 안에 오차 없이 전달하기 위해 타이머를 맞춰놓고 수없이 연습했다. 담당 부행장께서 행장이나 사외이사 대상으로 발표할 때는 원고 없이 PT를 하라고 지시하셨다. 이 프로젝트를 완벽하게 숙지하고 있고 잘해나가고 있다는 인식을 심어주어야 한다는 것이었다. 원고 없이도 완벽하게 발표하기 위해 몇 날 며칠 밤을 새워가며 반복하고, 녹음해서 다시 들어보며 실전처럼 연습했다.

당시 내가 속한 커뮤니케이션본부 담당 부행장은 순수 은행원이 아니었다. 언론사, 법무법인, 정부에서 다양한 경험을 소유한 분으로 기존 은행 임원들과는 많은 부분에서 시각이 달랐다. 금융권 최초 신입직원 채용 시 학력, 나이 제한을 두지 않은 열린 공채를 시행한 장본인이기도 하다.

기존 금융권의 관행이라 여겼던 많은 부분에서 변화가 일어났던 시기이다. 능력 있는 여성들에게도 기회를 주고자 그간 전무했던 본점 부서장을 여성으로 발탁하기도 하였는데, 그중 한 사람이 나였다. 이와 같은 맥락에서 내게 더 혹독하게 주문하신 게 아닌가 생각한다. CI 개편 프로젝트 관련하여 전국점포장회의(700여 명 참석)에서 그동안의 진행상황에 대한 PT를 할 때도 당연히 원고 없이 해야 했다.

시간은 20분! 발표 당일에는 발표시간이 오후에 배정되어 다들 점심식사를 하러 간 텅 빈 대회의장에서 실전과 똑같이 몇 번에 걸쳐 연습했다. 담당임원께서도 점심도 거르며 지켜보고 부족한 점을 체크해주었다. 담당 본부장과 부행장 역시 열정이 가득하신 분이셨기에 가능한 일이라 생각한다.

무사히 마치고 내려오자 외국인 행장께서 엄지손가락을 치켜세우시며 "Good Job!"이라고 칭찬해주셨다. 발표내용 및 태도 모두 좋았다고 칭찬을 아끼지 않으셨다. 그동안의 힘겨움, 어젯밤 못 잔 피로가 싹 가시는 것 같았다.

새로운 CI는 '세계로 가는 금융 날개(Global-Wing)'를 상징하는 다섯 개의 띠로 오대양 및 고객과 세계를 연결하는 다양한 네트워크를 나타내었고 가장 한국적인 색채인 태극문양의 청색과 홍색을 활용하여 신뢰와 열정을 표현했다. 이 CI는 외환은행의 전통적인 강점인 외국환과 무역금융 분야의 전문적 이미지를 연상시키고, 미래를 향해 진취적으로 뻗어 나가는 역동적이고 글로벌한 외환은행의 이미지를 잘 표현했다고 평가받았다.

1년간의 작업을 거쳐 2008년 개정되어 2015년 하나은행과 통합되면서 새로운 KEB하나은행 CI로 변경되기까지 7년간 사용되었던 KEB외환은행 심벌은 내 가슴속에 영원할 것이다.

내게 주어진 일에는 최고로 집중한다

CI변경 프로젝트를 진행하던 중, 뉴욕 맨하탄에 있는 디자인회사로 출장을 가게 되었다. 그런데 출장비 관련 비용을 승인해주는 부서와 의견 차이가 생겼다. 비용관리팀에서는 프로젝트 비용 예산 내에서 사용하라며 따로 출장비를 지급해주지 않았다.

원래 프로젝트 비용과는 별개였다는 의견을 피력했지만 끝내 출장비 승인을 받지 못했다. 하지만 뉴욕에서의 미팅 일정을 진행해야 하는 상황이기에 나는 출장을 떠났다. 워낙 여행을 좋아하는지라 처음 가는 뉴욕행에 며칠 휴가를 붙여서 사용하고 싶은 마음이 들기도 했지만, 업무에 개인적인 일정을 포함할 수 없어 업무만 수행할 수 있는 3일간의 빠듯한 일정이었다.

디자인회사와 첫날 미팅을 끝내고 담당 임원에게 미팅내용을 보고 드렸다. 그러자 혼자 보낸 것이 맘에 걸리셨는지 뉴욕에 유명한 곳을 소개해주며 꼭 들러보라고 하셨다. 그런데 나의 대답이 석연치 않음을 이상하게 여겨 상황을 파악해보시고 내가 사비로 출장 간 사실을 아셨다. 이후 은행이 발칵 뒤집혔다. 업무차 출장을 가는데 예산의 구분을 따져 출장비를 지급하지 않는다는 게 말이 되느냐고, 더구나 여성팀장이 혼자 출장을 가는데 편안하게 보내주지 못할망정 사비로 출장을 가게 했느냐며 비용관리팀장에게 불호령이 떨어졌다는 것이다.

출장에서 돌아오자마자 바로 비용정산을 해주었지만 이미 소문이 파다하게 난 상태였다. 의도하지 않았지만 비용관리팀장의 입장은 곤란해졌고, 당연히 업무만을 위한 출장이었으니 나는 당당할 수 있었다. 그리고 사비로라도 출장을 가서 열악한 환경에서도 일을 성사시켜 돌아온 나는 열정의 아이콘이자 여전사 이미지를 확실하게 각인시키는 계기가 되었다.

골프대회 프로젝트를 수행할 때의 일이다. 당시 골프대회를 열기 위해 1주일간 골프장을 임대했다. 월요일, 화요일은 프로선수들이 연습용으로 사용하다가 수요일은 관계사 및 주요고객 초청 프로암대회가 개최되고, 목요일부터 일요일까지 4일간은 본 대회가 치러졌다. 나는 대회가 진행되는 일주일은 골프장에 상주하다시피 했다.

나는 98년 책임자 시절부터 골프를 치기 시작해 실력은 수준급이었다. 따라서 내가 하고자 하면 여유가 있는 월요일, 화요일은 얼마든지 라운딩을 즐길 수가 있었다. 배상문, 홍순상, 김경태, 김대식, 김형태 등과 같은 프로골프 선수들과도 공을 칠 수 있는 기회가 있었다. 골프를 즐기는 사람들이 보기에는 마냥 부러웠을 것이다.

하지만 나는 단 한 번도 공을 치지 않았다. 총 3번 대회를 총괄했으니 골프장 섭외단계부터 대회를 진행하는 과정 중 무수히 많은 기회가 있었음에도 내 스스로 정한 원칙을 깨지 않았다. 진행을 총괄하는 팀장이 행사장에서 사사로이 공을 친다면 그동안 내가 쌓아왔던 모든 원칙과 평가가 무너진다고 생각했다. 골프장 관계자들이 다들 그렇게 한다며 아무리 권해도 절대 흔들리지 않았다. 다들 그렇게 사심을 채우고 당연히 공을 칠 거라 예상할 수 있는 일이기에 더욱 할 수 없었고 하지 않았다.

대회가 시작되면 나는 전동휠을 타고 드넓은 골프장을 구석구석 다니며 전장을 지휘하는 장수처럼, 대회의 완성도를 높이기 위해 분주하게 움직였다. 온전히 대회에 집중하여 성공적인 대회를 만들겠다는 생각밖에 없었으니 결과에 대한 평가가 좋은 것은 당연한 일이었다.

내게 주어진 일은 최고의 집중력을 발휘해 최선의 노력을 다하라.
전사처럼 용맹하고 당당하게 전투적으로 임하면 못 해낼 것이 없다.

나니까 할 수 있다고
믿는 사람

우리가 하는 고민 중 96%는 실제로 발생하지 않는다는 연구결과가 있다. 미리 걱정하거나 염려할 필요가 없다는 뜻이다. 살아가며 발생하는 공포와 두려움은 대부분이 그럴 필요가 없는 것들이고, 그것이 지속되면 자신감 결여로 이어지기도 한다. 언제나 용기를 잃지 말고 당당한 자신감으로 무장해보자.

용기와 자신감을 주는 마법 같은 말

사실 골프대회 창설 프로젝트를 맡을 당시 나는 광고디자인 팀장이었다. 많은 은행이 스포츠 마케팅의 일환으로 각종 스포츠 대회를 후

원하거나 개최하는 시대적 배경 속에서 우리 외환은행도 골프대회를 창설하기로 했는데, 그 프로젝트가 우리 팀으로 배정된 것이다.

당시 스포츠마케팅은 광고디자인팀에서 수행할 프로젝트가 아니라고 생각한 나는 부행장께 스포츠마케팅은 한 번도 해본 적이 없다고, 골프대회 창설을 왜 광고디자인 팀에서 맡아야 하는지 물었다. 부행장의 답은 짧고도 묵직했다. "김 팀장이니까! 김 팀장이니까 할 수 있어요." 너니까 할 수 있다는 부행장님 말씀에 용기가 불쑥 솟더니 "그래, 내가 못할 게 뭐야, 나는 할 수 있어."라는 근거 없는 자신감까지 생기는 게 아닌가. 결론은 이미 앞부분에서 얘기했듯이 그 일을 해냈다는 것이다.

물론 팀원들은 새로운 일에 대한 부담감과 추가되는 업무의 과중으로 불평하기도 했지만, 내가 그랬듯 '너니까 할 수 있어!'라는 주문과 격려로 '우리는 할 수 있어!'라는 분위기로 전환되면서 모두들 의욕적으로 임했다. 그렇게 외환은행의 글로벌 뱅크 이미지를 담아 '한중투어 KEB 인비테이셔널' KPGA(한국프로골프협회-남자)의 공식 투어 대회 준비는 순조롭게 진행되었다.

나는 어떤 콘셉트로 어떤 종류의 대회를 개최할 것인지 기획 단계부터 본 대회를 진행하기까지 2년에 걸쳐 그 일을 주관했다. 이미 VIP 고객 업무 담당 시절 고객과의 눈높이를 위해 남들보다 일찍 시작한 수준급의 골프 실력과 충분한 골프지식은 대회 기획 및 진행에 큰 도움이 되었다. CJ미디어 대행사, 한국골프협회 담당자 등 해당 관계자와의 업무 진행 과정에도 전혀 걸림돌은 없었다. 오히려 여자 팀장의 자신감 있는 추진력에 그들 역시 감명해 열심히 도와주었다.

대회 콘셉트는 한국과 중국 두 나라의 프로골프협회 공동 개최였다. 한국 프로선수들이 중국 프로선수들과 함께하는 첫 번째 해외 진출 경기로 두 나라의 스포츠 교류 차원에서도 큰 의미가 있었고, 1993년 한국 시중은행으로서는 처음으로 중국에 진출하여 중국내 가장 많은 점포를 보유한 글로벌 뱅크로서의 인지도도 높이고 동남아시아로의 진출을 위한 발판으로 삼고자 했다.

당시 한국프로골프협회 성기욱 대표는 여러 매체와의 인터뷰에서 PGA투어, 유러피언투어들이 앞다투어 중국에 진출하는 상황에서 '한중투어 KEB 인비테이셔널' 대회는 한국 남자 골프 발전에 중요한 계기가 될 것이라고 말했다. 중국 내에서도 '중국 최초 공동투어-세계 무대를 향한 대표적인 투어의 발판을 마련한 대회'라고 보도했다.

대회는 매년 한중 홈&어웨이 방식으로 봄에는 중국에서, 가을에는 한국에서 리턴매치로 진행됐다. 대회 상금은 각 4억 원으로, 한국과 중국의 정상급 프로선수 130명과 아시아 및 해외투어 초청선수 등 총 140여 명의 정상급 선수들이 참가해 실력을 겨루었다. 대회는 한국의 주관 방송사 KBS와 중국의 CCTV 방송을 통해 한국과 중국에 생중계되었다.

2008년 중국 상하이 링크스골프장에서 개최되었던 제1회 KEB인비테이셔널 대회의 초대 우승의 영광은 배상문 선수에게 돌아갔다. 이어 같은 해 9월, 한국 오스타CC에서 개최된 대회에서는 김대섭 선수가 우승을 차지했다. 한때 골프 신동이라 불리던 김대섭 선수는 골프에 집중하던 시절 남자골프대회 갤러리를 다니며 유심히 지켜봤던 선수였기에 그의 우승에 아낌없는 박수를 보냈다. 마지막 홀 벽을 맞고 내려와 홀 가까이 붙어 우승을 확정하는 장면은 아직도 생생히 기억난다.

사실 골프대회는 나 혼자 잘해서 성공한 것은 아니다. 열심히 같이 뛰어준 우리 팀원들과 원활하고도 성공적인 개최를 위해 많은 분이 지원해주고 응원해주었기에 가능한 일이었다. 그리고 상사의 무한한 지지와 믿음 때문이었다. '너니까 할 수 있다'는 그 말 한마디가 엄청난 결과를 가져온 것이다. 용기와 자신감을 심어 주는 마법 같은 말이었다.

나를 무한정 믿어주는 이가 있다는 사실은 나 스스로 나를 믿고 리더로서 무엇을 해야 하는지 크게 배울 수 있는 계기가 되었다. 이후 담당했던 많은 행사, 주한미국상공회의소(amcham) 연중행사 공식 협찬, 경향마라톤 대회 공식 후원사 참여 등을 진행함에도 두려워하거나 망설이기보다는 단단한 자신감을 가지고 즐겁게 해낼 수 있었다.

지점장 시절 고객으로부터 받은 연하장 글귀가 떠오른다.

"언제나 자신감 넘치고 당당한 김 지점장! 응원합니다."

'스스로를 믿는 사람은 확신 없는 전문가를 능가한다.' 미국 프로골프 선수 아놀드 파머의 말이다. '내가 할 수 있을까?'라는 생각과 의심, 스스로에 대한 불완전한 믿음은 그런 결과를 가져올 뿐이고, '나니까 할 수 있어!'라는 확신을 가지고 스스로를 믿는 사람은 모든 것을 해낸다. 스스로를 믿는다는 것은 모든 것을 가능하게 하는 힘의 원천이다.

얻고 잃는 것을 확실히 알다

　　　　　　　　　　　　　　　한참 일에만 매진했었다. 그러던 2003년 PB차장 시절에 병이 났다. '아, 이대로 죽을 수도 있겠구나' 싶은 생각이 들었다.

　나는 심하게 편식하는 편이다. 집 밥도 거의 먹지 않았다. 주로 서양식 위주의 식사를 했다. 어려서부터 차를 운전하고 다녀서 걷는 걸 싫어하고 특히 산에 가는 걸 제일 싫어했다. 야유회나 공식적인 산행이 있어도 적당히 올라가다 뒤로 빠져 늘 제일 먼저 하산했었다.

　특별히 건강관리를 위해 운동을 하거나 몸에 좋은 것을 챙겨 먹지도 않았다. 생각해보니 내 몸을 위해, 건강을 위해 투자를 한 적이 없었다. 어리석게도 건강에 대해서는 한 치의 의심도 하지 않았다. 거기에 겉으로는 사교적이고 외향적인 성격으로 보이지만 매우 내성적인 성향도 병을 키우는 데 한몫했을 것이다.

내가 아프고 얻은 것들

은행에서는 1년에 한 번 건강검진을 실시한다. 검진 후 별도 상담 요청이 왔다. 덜컥 겁이 났다. 떨리는 마음으로 상담을 위해 찾은 병원에서 추가 검진이 필요하다며 바로 조직검사를 권했다. 조직검사 결과 유방암 2기, 2.5cm의 종양이 발견되었다. 결과를 듣고도 담담했다. 다른 사람의 얘기인 듯 믿기지가 않았다. 믿을 수 없기에, 믿고 싶지 않아서 다시 한 번 확인이 필요했다. 이번에는 전문병원에 가서 조직검사를 다시 받았다. 결과는 마찬가지였다.

왜 하필 나에게 이런 일이 생겼는지, 아직도 할 일, 하고 싶은 일이 너무도 많은데, 어떻게 해야 할지 갈피를 잡을 수 없었다. 너무 억울하고 무서웠다. 병원을 나서자마자 참았던 눈물이 터져 나왔다. 걷잡을 수 없었다. 나는 신사동사거리 버스정류장 근처에 주저앉아 대성통곡을 하고 말았다. 한참 동안 눈물을 쏟아냈다. 아버지가 돌아가시고 그렇게 많이 울어본 적이 있었던가.

그러나 나는 다시 털고 헤쳐나가기로 했다. 치료를 위해 어느 병원이 좋을지 알아보다가 나의 선택은 국립암센터 이은숙 유방암센터장이었다. 병원에 가보니 왜 내게만 이런 일이 생겼을까 싶은 생각이 싹

달아날 정도로 병을 앓는 환자가 너무나 많았다. '그깟 암 덩어리, 떼버리면 돼.'특유의 긍정적인 성격이 다시금 발휘되었다.

다행히 예후가 좋은 편이라 그냥 좀 귀찮은 일이 생긴 정도로 받아들이기로 했다. 수술 후 항암치료와 방사선 치료를 병행하려면 6개월의 시간이 필요해서 나는 휴직을 했다. 입행 후 23년 만에 처음 갖는 장기 휴가였다.

오랜만에 모든 걸 내려놓고 온전히 나만을 위한 시간을 보냈다. 공기 좋고 경치 좋은 곳을 찾아다니는 충전의 시간이었다. 곁엔 늘 엄마가 계셨다. 수술실 앞을 지켜주었던 친구, 매일같이 병문안 오던 동료들, 맛난 거 사주시며 먹고 힘내라던 고객들 덕분에 힘이 났다. 특히 천주교 신자임에도 성당 안 나간다고 늘 염려하시던 벤야민 수녀님이 끊임없이 기도해주셨다. 너무 따뜻하고 죄송하고 감사한 시간이었다.

그러나 고마운 사람도 많았지만, 한편으로는 인간관계가 정리되는 시기이기도 했다. 주변 사람들과의 거리, 깊이가 내 생각과는 많이 달랐다. 나는 그 사람과의 거리를 50이라고 생각했는데 100인 사람도 있었고, 나는 거리가 100이라고 생각했는데 바로 내 옆에 있는 사람도 있었다. 이렇듯 자신의 기준에서 정한 상대와의 거리는 조금씩 다를 수 있고, 때로는 생각과 크게 다르다는 것을 절실하게 깨닫게 되었다.

진심으로 위로해주는 이들이 있는가 하면 '아, 이제 이 친구와는 끝이구나.' 하며 멀어지는 이들도 있었다. 조금 서운하기도 하고 놀랍기도 했지만, 곧 마음이 정리되었다. 옥석을 가릴 수 있었으니 나쁘기만 한 시간은 아니었다. 주변 정리를 하나씩 해나가며 사심을 버리는 계기로 삼았다.

앞으로 나와 함께 가고 싶고 가야 할 사람들, 내 편이 누구인지 알았으니 참 다행이었다. 세상을 살아가면서 전혀 경험하지 못할 수 있는 것을 일찍 경험했다는 점에서 다행이라 생각했다. 내 편인 그들에게 잘 살아내는 모습을 보여주고, 내 편인 그들에게 더욱 베풀며 살자고 다짐했다. 서운한 감정을 느끼게 해주었던 이들에게는 너그럽고 의연한 모습을 보여주어 그들 스스로 미안함을 느끼도록 해주고 싶었.

6개월의 휴가를 끝내고 나는 감사부 검사역으로 복직했다. 감사부는 영업점 대상 업무규정 준수 및 윤리경영 위배 여부를 전산으로 상시 체크하고 실제로 영업점에 방문해서 1년간 업무 처리한 내용(수신, 외국환, 여신 등 업무전반)에 대해 감사하고 벌을 주기도 하는 업무를 담당하는 부서이다. 내가 감사부로 복귀하자 나와 거리가 멀어졌던 이들이 다시 거리를 좁히기 위한 노력을 해왔다.

근심하기보다 노력하는 삶

한 차례 아픔을 겪은 후 남의 아픔에도 진심으로 공감할 수 있게 되었다. 몇 년 후, 친한 후배가 나와 같은 병으로 1년간 투병생활을 했다. 나의 이런 경험이 후배에게 큰 위안이 되었고, 내가 받은 상처를 후배는 덜 겪길 바라는 마음에 나는 조언을 아끼지 않았다. 그렇게 그 후배와도 더욱 가까워졌다. 그뿐만 아니라 해외에서 췌장암 투병 중이던 고객님, 또 어린 자녀의 심장 수술에 가슴 아파하던 고객분께도 진심 어린 위로를 전할 수 있었다.

뉴스에서 접하는 수많은 사건 사고를 보면서도 우리는 소중한 사람이 언제든지 곁을 떠날 수 있다는 생각을 하지 못한다. 누구든 언제든 불시에 곁을 떠날 수 있다고 생각해보면 많은 것이 단순하고 명료해진다. 내가 소유한 물질적인 것과 정신적인 측면에서도 한 번쯤 이런 생각을 해보는 것도 좋다.

기억나는 고객 한 분이 있다. 그 고객은 늘 자녀에게 편지를 써서 대여금고에 넣어두셨다. 편지 내용은 교체할 때마다 조금씩 달라졌다. 아들에게는 책상서랍 대여금고 열쇠 위치만 알려주신다고 했다. 대여금고 안에 본인의 모든 자산 내용을 정리해두신 것이다. 훗날을 위해 필요한 준비라는 생각이 들었다.

나는 종종 백 년도 못 살면서 천 년의 근심을 안고 산다는 시구를 떠올리며 크게 보고 넓게 보기 위해 노력한다. 그러자 내가 가진 것 하나하나에 더 집착하는 것이 아니라 오히려 여유가 생겼다. 아등바등하는 사람들을 보면 안쓰럽고, 사소한 것에 집착하는 사람들은 안타깝다. 얻는 것이 있으면 당연히 잃는 것도 있는 게 세상의 이치다. 원하는 것을 얻는다는 것은 반대로 다른 무언가를 잃는다는 것과 같다.

잃지 않으려 전전긍긍할 시간에 즐겁고 행복해지는 방법을 찾으려고 노력하는 편이 훨씬 쉽다.

  가장 얻기 쉽지만, 또 가장 잃기 쉬운 것도 '사람'이라는 것을 깨닫고 보니 원래도 사소한 것에 목숨 걸지 않는 성격이었던 나의 그러한 생각은 더욱더 확고해졌다. 사람은 얻고 잃는 과정을 겪으면서 비로소 성장하는가 보다.

멀리 보고 가는 길은
외롭지 않다

나는 '베풀다', '나누다'라는 말을 참 좋아한다. 베풀고 나누다 보면 보답은 언제나 그 이상의 기쁨이 되어 내게 다시 돌아왔다. 단, 베풀고 나눔에 있어 대가를 기대해서는 안 된다. 베풀고 나눈다는 것에는 비단 물질적인 것뿐 아니라 감정적인 부분도 포함된다. 나의 작은 배려와 나눔은 받는 사람의 마음속에 고마움으로 깊이 새겨질 것이고, 기회가 생기면 반드시 적극적인 방법으로 나에게 되돌려주려 노력할 것이다. 진심으로 다른 사람을 대하면 그들은 더 많은 것을 나에게 돌려준다. 그래서 베풀고 나누는 대상은 분명 타인이지만, 결국은 나를 돕는 일이 된다.

퇴직 후, 많은 이들이 나에게 하소연과 함께 감사의 말을 전해왔다. 내가 해주던 일상적이고 사소한 일들이 사실은 감사하고 특별한 일이었음을 다른 지점과의 거래를 통해 절실하게 느낀다는 것이었다. 그래서 고마운 마음과 함께 '당신은 특별한 사람'이었다고 평가해주었다. 너무나도 감사하고 뿌듯한 순간이었다.

믿음과 진정성이 바탕이다

PB(Private Banking VIP고객 자산관리 업무) 시절, 나는 다른 PB들에게 왜 PB를 하는지, PB업무 영역을 어디까지로 여기는지 가끔 묻곤 했다. 다양한 이유와 답변이 있었지만, 나는 한마디로 그 댁의 집사가 되겠다는 마음이 없으면 PB를 하지 말라고 했다.

단순히 고객의 자금운용만 하는 PB는 그 고객과 오래갈 수 없다. 고객의 다른 불편한 사항도 잡아내 해결해줄 수 있는 능력과 진심으로 고객을 위하는 마음이 있어야만 고객과 오래갈 수 있다. 나는 그들이 최고의 대접을 받는다는 생각이 들게끔 항상 현관 밖까지 나와 배웅했다. 차 종류는 항상 특별한 것으로, 사은품은 남성용, 여성용 각각 따로 준비해두어 필요 시 바로 활용했다. 고객과 상담 중 축하할 일이 생겼다는 소식을 들으면 바로 축하선물도 건넸다. 은행에 구비해둔 사은품도 있지만, 개인사비로 특별한 것도 몇 가지 준비해두면 적절하게 사용할 수 있다.

이렇듯 고객을 대하는 마음 하나하나가 진심이어야 하고, 그 진정성이 전달되면 좋은 평가와 결과는 저절로 따라온다. 그렇게 믿음과 진정성이 바탕이 되어 인연을 맺은 고객과는 오래 함께할 수 있다.

은행원에게는 항상 실적이 중요하고 또 필요하다. 하지만 고객이 실적을 위한 수단이 되어서는 안 된다. 나는 항상 스스로 이 거래가 나의 실적을 위한 것인지, 고객을 위한 것인지, 나와 고객 모두를 위한 것인지를 질문하고 답했다. 일단 내 실적에 도움이 되는 일이라면 이 상품 가입은 저를 도와주시는 일이라며 솔직하게 말했다. 그렇다고 고객이 손해를 입는 것은 아니지만, 굳이 고객에게 메리트가 없다고 판단되면 그것은 나만을 위한 것으로 분류했다. 요즘은 고객들도 다 안다. 겉으로는 고객을 위한다는 명목으로 치장하지만, 실상은 실적을 채우기 위해서라는 것을.

나는 이미 오래전부터 나만의 규칙을 정해놓고 진심으로 그들에게 다가가려고 노력했기에 고객들과 오랜 기간 함께할 수 있었고, 굳이 신규고객을 창출하지 않아도 그들을 통해 새로운 고객을 소개받으며 실적도 높이고 실력 있는 사람으로 평가받으며 그들과 깊은 유대감을 가질 수 있었다.

차장 시절 인연을 맺은 한 고객이 있다. 어느 날 은행에 내점하셨을 때 정기예금을 해지하라고 권했다. 그 고객은 아들에게 줄 아파트를 분양받아 계약금을 낸 상태에서 대략 4~6개월마다 중도금을 내야 해서 중도금 기일에 맞춰 정기예금을 해지할 예정이었다.

나는 그 고객에게 정기예금을 해지해서 아파트 중도금을 먼저 선납하는 게 좋겠다고 권했다. 일전에 아파트 분양 얘기를 하셨기에 나는 입주예정 아파트 및 시공사를 알고 있었고, 시공사에 전화를 걸어 아파트 중도금 선납 및 할인율에 대해 알아보았다. 은행에 정기예금 예치 후 받는 이자와 중도금 일체를 선납했을 경우 할인받을 수 있는 금액을 비교해보았다. 그 아파트는 방배동에 위치한 대형평수로, 할인되는 금액이 매우 커서 내가 내린 결론은 아파트 중도금을 선납하는 게 훨씬 경제적으로 유리하다는 것이었다.

마지막으로 점검해야 할 것은 선납해도 리스크가 없는 시공사인지를 판단하는 것이었다. 나는 기업여신 심사를 담당하는 심사부에 전화를 걸어 건설사에 대한 평가 자문을 받았다. 그 결과 꼼꼼히 준비한 사항을 바탕으로 고객에게 정기예금을 해지해서 아파트 중도금 선납을 권해드렸던 것이다.

차분히 나의 설명을 들은 고객께서 오히려 예금해지 시 불이익을 받을 내 실적을 걱정해주셨다. 하지만 나는 개의치 않았다. 내 실적보다는 고객이 우선되어야 한다는 원칙이 있었기 때문이다. 그 후로 그 고객은 친인척 및 주위의 많은 지인을 내게 소개해주셨다. 그리고 그 인연은 16년이 넘도록 지속되었다.

내 돈이라는 생각으로 고객의 입장에서 생각하면 고객에게는 믿음을 주고 신뢰는 쌓이게 된다. 당장 눈앞의 이익을 좇지 마라. 당장은 손해 보더라도 멀리 보면 훨씬 더 큰 이익이 돌아온다는 것을 명심해야 한다.

신뢰와 믿음을 주는 사람이 실력 있는 사람을 이긴다

　진정으로 고객의 입장에서 업무를 처리하다 보면 진심은 반드시 상대방에게 전달되고, 신뢰가 쌓이다 보면 처음 시작은 한 사람이었지만 점차 직계비속, 직계존비속, 친구, 친구의 직계비속 등 무한대로 확대되어 그들 전부가 내 고객이 된다. 실력만 있는 사람보다는 신뢰와 믿음을 줄 수 있는 사람이 결국엔 승자가 된다.

　주식이 한창 붐을 일으키던 2002년 즈음 자주 오시던 고객이 예금을 해지해달라고 한 적이 있다. 용도를 여쭤보니 본인도 이번 기회에 주식투자를 한번 해보고 싶다는 것이었다. 무턱대고 말린다고 포기할 상황이 아니라는 것을 알기에 나는 이 자금을 다 주식에 투자하기에는 리스크가 크니 1/3만 운용해보고 늘려가는 게 어떻겠냐고 제안했다.

　다른 지점에서는 해지를 못하게 말려서 승강이를 벌였는데, 김 차장은 해지해주니 고맙다고 했다. 나는 마치 내 돈을 내어드리는 것처럼 잘 운용하셔서 많이 불려 오라고 덕담을 건넸지만, 김 차장 덕에 그래도 1/3만 없어졌다는 소식을 듣기까지는 그리 오랜 시간이 걸리지 않았다.

　내가 '큰엄마'라고 부르던 고객이 있었다. 그분은 3년 전, 70대 후반의 연세로 폐암 투병 중 돌아가셨다. 은행에 오시면 늘 엄마처럼 환하게 웃으시며 내 손을 꼭 잡아주시던 모습이 아직도 눈에 선하다. 어느 해인가 그분이 나의 권유로 자금 일부를 펀드에 투자하셨다가 일부

손해를 보셨다. 하지만 손실금에 대해 한마디의 질책도 없으셨다. 너도나도 펀드에 투자하는 분위기 속에서 운용자금 중 일부를 투자하셨지만 상품의 리스크에 대해서는 본인도 알고 가입했고 펀드운용은 운용사에서 전담한 것으로 시장 상황이 안 좋아져서 이렇게 된 걸 어찌하겠느냐고 내 책임이 아니라고 말씀해주셨다.

   그럼에도 나는 환전 시나 해외송금 시, 자녀 아파트 대출 취급 시, 대출금리 감면에 각종 은행 수수료 할인을 통해 조금이나마 나의 마음을 전하려고 애썼다. 15년 이상 서로 진심으로 위하며 마음을 전했던 가슴 찡한 어머니 같은 그분이 여전히 그립고 보고 싶다.

   멀리 가려면 함께 가야 한다. 혼자는 힘들다. 훌륭한 리더는 누구보다도 멀리 보고 누구보다도 먼저 볼 줄 알아야 한다. 그리고 함께 더불어 가야 한다. 눈앞의 작은 이익에 혹해 좇다보면 멀리 갈 수 없다. 일찍 피는 꽃은 일찍 지기 마련이다. 사소한 것에 얽매이지 마라. 당장의 희열보다는 장기적 성장의 기쁨이 훨씬 더 크다. 멀리 보고 가다 보면 보답은 반드시 돌아온다.

긍정마인드로 즐기는
하루의 힘

　　　　　　　　　　　친구와 내가 각각 귤 한 상자씩을 구입했다고 가정해보자. 친구는 무르거나 상한 것부터 먼저 먹으며 상태가 좋은 귤은 나중에 먹기로 했고, 나는 어차피 시간이 흐르면 멀쩡했던 귤도 상하기 마련이므로 싱싱하고 상태가 좋은 귤부터 먹기로 한다.

　각자 이런 마음으로 귤 한 상자를 다 먹었을 때, 친구는 매번 상태가 좋지 않은 귤만 먹은 것이고 나는 계속 상태가 좋은 귤만 먹은 셈이 된다. 이렇듯 아주 작은 생각의 차이가 다른 결과를 가져온다. 생각을 조금만 달리하면 매번 상태가 좋은 귤을 먹을 수 있다. 이것이 바로 긍정마인드 전환이다.

긍정마인드를 키우는 연습

직장생활을 하다 보면 업무 스트레스는 물론 고객, 상사, 동료 등 다양한 인간관계에서 오는 스트레스로 힘들 때가 많다. 누구도 스트레스를 피할 수는 없다. 하지만 긍정적인 마인드로 대처하면 어렵지 않게 넘길 수 있다. 생각의 폭을 넓히고 긍정의 마음을 가지는 습관, 사고방식, 접근 방식을 달리하면 어떤 일도 해결할 수 있고 잘해낼 수 있다.

긍정마인드는 연습과 훈련을 통해 키울 수 있다.

첫째, 장점 살리기. 굳이 단점을 극복하려 애쓰지 말자. 사실 아무리 노력해도 단점을 극복하기란 쉬운 일이 아니다. 단점은 극복하기 힘들 뿐 아니라 극복해도 또 다른 단점이 자꾸 보인다. 사람은 좋아하고 잘하는 것을 할 때 신 나고 즐겁기 마련이다. 그러므로 안 되는 것을 억지로 하려 하기보다는 장점을 살려 극대화하는 것이 훨씬 더 효율적이다. 그리고 장점은 계발하고 활용할수록 더욱 커진다는 사실을 잊지 말자.

둘째, 자존감 살리기. 자기 자신을 존중하지 않는 사람은 그 누구도 존중해주지 않는다. 그래서 자존감이 낮은 사람은 매사에 부정적이고 소극적이며 수동적인 삶을 살게 된다. 반면 자존감이 높은 사람은 능동적이고 적극적으로 열정적인 삶을 이끌어나간다. 튼튼한 자존감은 행복한 삶을 위한 가장 강력한 무기다.

셋째, 나 또는 주위 사람들에게 감사편지 쓰기. 나 자신에게 또는 가족, 친구, 직장동료에게 감사편지를 써보자. 편지를 쓰면서 고마웠던 기억을 다시 한 번 떠올리게 되고, 마음을 전한다는 설렘에 가슴이 벅차고, 받는 사람의 반응을 보면 큰 행복을 느끼게 된다. 소소한 것에 감사할 줄 아는 사람에게는 계속 감사할 일들이 생긴다.

이외에도 남과 나를 비교하지 않기, 사소한 것에 목숨 걸지 않기, 일희일비(一喜一悲) 하지 않기, 뒤에서 다른 사람 흉보지 않기, 스스로 의심하지 않고 꿋꿋이 자신의 길을 걷기, 좋은 사람들과의 시간으로 좋은 에너지 충전하기, 마지막으로 충분한 휴식으로 몸과 마음에 여유를 가지면 긍정마인드를 지속시킬 수 있다.

내가 긍정마인드를 유지하는 비결

긍정마인드를 위해 스스로 하지 말아야 할 것과 해야 할 것을 찾아 자신만의 원칙으로 세우고, 그것을 지켜가며 매 순간 최선을 다해 업무와 맞닥뜨리면 그 어떤 일도 해결할 수 있다. 그것이 곧 능력으로 평가받게 된다.

요즘은 관리자, 리더 발탁 시 실력보다도 평판을 더 중요하게 여기기도 한다. 최근 많은 기업이 과거의 일방적인 하향식 평가뿐만 아니라 상사에 대한 상향식 평가 및 관리자 동료 평가도 실시하고 있어 개인 커리어 관리를 위해서도 평판을 무시할 수 없다. 철없던 행원 시절 나는 극과 극의 평가를 받았다. 지나친 자신감에 잘난 척한다고 하는 사람도 있었고, 배려심 많고 싹싹하고 붙임성 있다고 말하는 사람도 있었다.

직장생활을 하다 보면 나를 좋아하는 사람도 있고 싫어하는 사람도 당연히 있을 수 있다. 나는 그런 것에 상처받지 않는다. 이 세상에서 무조건적으로 내가 잘되길 바라는 사람은 부모님밖에 없다고 생각하면 나를 싫어하는 사람 한두 명쯤은 내게 아무런 영향도 끼치지 않는다. 이 또한 긍정마인드를 유지하는 비결이다.

나는 평가에 얽매이지 않고 긍정적인 마인드로 순간순간 내게 주어진 일에 최선을 다했다. 그러다 보니 상향 평가 및 동료 평가에서 비교적 좋은 평가를 받은 상위권 관리자 그룹에 속할 수 있었다. 결국, 좋은 평판은 매사 긍정적인 사고로 하루하루 최선을 다했을 때 저절로 따라오는 것이다.

종종 매너리즘에 빠진 안타까운 후배들을 볼 때가 있다. 나는 내 직원만큼은 조금이라도 그런 모습이 보이면 바로 불러서 차 한잔 하자고 한다. 조금만 관심을 가지면 무심한 표정에서도 직원들의 마음을 읽을 수 있다. 불편한 일은 없는지, 업무가 과중한지, 팀원과의 관계에 대해 묻는다. 그래서 문제를 찾아 내가 해결해줄 수 있는 것은 바로 해결해주고 그렇지 않으면 즐겁게 지낼 방법을 제시해준다.

과중한 업무로 지쳐 있으면 업무량을 조정해주었고, 직장생활에 찾아오는 권태기 같은 것은 것이라면 시선을 돌려 즐거움을 찾을 수 있도록 취미 생활을 권하기도 하고, 내가 봤던 영화 중 한 편을 추천해 주기도 하고, 때론 퇴근 후 동대문으로 쇼핑을 데려가곤 했다. 맛있는 것을 먹으며 기분전환도 하고, 5만 원, 10만 원으로 괜찮은 옷 몇 벌 사서 스트레스를 확 날리게 해준다.

의욕을 잃고 주춤하는 직원에게 용기를 불어넣어 다시 출발할 수 있도록 돕고, 기꺼이 즐겁게 일할 수 있게 편안한 환경을 만들어주는 차원에서 직원들과 진정성 있는 대화는 매우 효과적이다. 최선을 다해 오늘, 현재를 사는 건 나뿐만 아니라 내 직원들도 함께여야 한다. 이것이 진정한 긍정마인드의 핵심이다. 훌륭한 리더는 긍정의 힘이 얼마나 중요한지 잘 알고 있다.

고객과의 눈높이를 맞추기 위해 시작한 골프가 팀장이 된 후 하나의 업적을 달성하는 데 크게 기여하는 걸 보면서 나는 그 순간에 최선을 다하려고 한 일이 지속적으로 영향을 미치고 결국엔 나의 경쟁력이 된다는 걸 여실히 경험했다.

최선을 다해 살아낸 오늘의 시간과 경험이 쌓여 나의 내일의 경쟁력이 된다는 사실을 기억해라. 주변에서 늘 말하는 준비하면 언젠가 찾아올 기회를 마냥 기다리기보다는 지금 이 순간, 현재, 오늘 하루를 충실히 살아가야 한다. 그러면 그것이 나의 경쟁력이 되고 무기가 된다. 버텨내는 하루를 살지 말고 긍정적인 마인드로 즐기는 하루를 살아보자.

열정이 습관화되면
성공이 절로 따른다

　　　　　　　　　　　열정이 없는 사람은 없다. 온도 차이가 있을 뿐 누구나 순간순간의 열정을 품고 산다. 하지만 열정처럼 빨리 식는 것도 없다. 잠깐 끓어올랐다 식어버리는 열정은 아무짝에도 쓸모가 없다. 식지 않고 오래도록 따뜻하게 유지되는 열정이 필요하다. 순간의 열정을 습관화하지 않으면 성공에 이를 수 없다.

　때론 의욕만 앞서 한번에 너무 많은 것을 하려고 무리하는 사람들이 있다. 그러나 보여주기식 열정으로 무리하다 보면 안 하느니만 못한 결과를 불러오기도 한다.

　책임자 시절 겁 없이 열정만으로 ○○시 기금 입찰에 성공했던 적이 있다. ○○시는 막대한 기금을 운용하기 위해 주변 금융기관 7곳에 입찰 참여 공문을 보내왔다. 나는 지점장에게 보고하고 ○○시 담당자를 만나러 갔다.

당시 예금상담 담당책임자는 나였고 당연히 내가 할 일이라 여겼기에 우리 지점에서는 나 혼자 미팅에 참여했지만, 다른 은행에서는 임원급이나 지점장들이 와 있었다. 전체적인 내용을 전해 들으니 정해준 기한까지 금리를 적어 내면 검토 후 은행을 선정하고 기금을 예치하겠다는 것이었다.

본점 자금운용 부서와 금리 협의를 마치고 금리를 제시해야 하는 상황에서 사전에 몇 차례 방문으로 기금의 전체 규모와 타행 분위기 등을 파악한 나는 과감히 금리를 기재하지 않고 공란으로 제출했다. 다행히 OO시 담당자는 패기 넘치는 젊은 친구의 열정을 높이 사주었고, 그 결과 우리 지점에 거액의 기금을 예치하였다. 이후 만기가 도래하는 타행 예금 대부분을 우리 지점으로 유치할 수 있었다. 동료 책임자의 도움도 받아가며 적극적인 자세로 끊임없이 많은 것을 시도하던 시절이었다.

공사법인 기술협회 예금 유치, 국제단체 자금 유치, (주)OO상선 대표 및 자산가들의 고액 예금 유치를 위해 겁 없이 뛰어다녔다. 지금 생각해보면 처음 책임자가 되어 넘치는 열정을 주체할 수 없어 이리 뛰고 저리 뛰어다녔던 시절이었다. 그런 나를 무조건 지지해주고 아낌없이 칭찬하고 응원해주었던 당시 송요선 지점장님은 여전히 나의 멘토 중 한 분이시다.

열정은 집요하게 파고드는 '근성'과 지칠 줄 모르는 '에너지'라고 생각한다. 한 가지에 집중해서 완벽하게 처리해야 하고, 무슨 일이든 집중력을 발휘해 처리해가는 과정이 쌓이면 자신도 모르는 사이 성공이 따르고 인정받게 되는 것이다.

넘치는 열정은 불가능도 가능케 한다

지점장 부임을 기다리던 2007년 초 나는 황당한 발령소식을 접했다. 영업점이 아닌 본부 광고디자인팀을 맡으라는 것이었다. 여태껏 은행 고유업무만 담당해왔던 나로서는 당황스럽고 납득이 되지 않는 발령이었다. 마케팅전공은 고사하고 광고, 홍보 관련해서는 아무것도 모르는데 '내가 왜?' 눈앞이 캄캄했다.

다음 날 인사담당 부행장이 나를 불러 물으셨다.

"갑작스런 발령에 좀 당황하셨죠?"

"네. 제가 어떻게 이 부서를 맡아서 할 수 있을까요? 전 마케팅전공도 아니고 광고나 홍보 관련 업무를 해본 적이 없는데요."

부행장은 광고디자인팀은 운용 예산이 크다는 말씀과 함께 CF 제작 및 각종 상품 브로셔, DM 제작, 사은품 제작을 위해 센스 있는 여성 관리자를 찾았다고 말씀하셨다. 감사부 시절 나를 지켜보셨던 감사께서 강직하고 늘 열정적이라 어떤 일을 시켜도 충분히 해낼 능력이 있다며 강력히 추천하셨다고 했다. 이미 주변 평판까지 확인해보신 부행장은 잘할 수 있을 거라며 걱정하지 말고 한번 맡아서 해보라고 했다.

나는 내게 바라는 것이 무엇인지, 내게 무엇을 기대하는지 어렴풋이 알아들을 수 있었다. 앞으로 해야 할 일 중 가장 중점을 둬야 할 것은 무엇보다도 청렴, 도덕, 공정성이라고 판단했다. 청렴, 도덕은 이미 내 인생의 원칙이었으므로 걱정되지 않았지만, 지정 광고대행사가 있다 해도 광고디자인 업무에 대한 지식이 없다는 것은 몹시 불편한 일이었다.

한 번도 접해보지 못한 업무라 정말 큰 스트레스였지만, 나는 열정적으로 최선을 다했다. 다행히 은행상품 관련 각종 브로셔와 DM 제작을 위해 주관 부서들과 협의를 거쳐 디자인하고 제품을 만들어내는 과정에서 소속 디자인실 전문 디자이너들이 나의 감각을 높이 평가해주고 인정해주었다.

광고디자인 팀장을 맡으며 내가 무엇보다 중점을 둔 것은 청렴이었다. 나는 사은품 제작을 앞두고 업체와의 관계를 철저히 투명하게 운영해나가야겠다고 다짐했다. 그 일환으로 각 영업점에 배포하는 사은품 제작을 위해 업체 선정 및 납품 과정에서 발생할 수 있는 각종 문제거리를 차단하고 예산을 투명하게 운용하기 위해 '사은품 몰' 사이트 프로그램을 구축했다.

우리 부서에 배정되던 거액의 사은품 구매대금을 사은품 쇼핑몰 사이트에서만 사용할 수 있도록 각 지점에 금액을 배정해주고 그 한도 내에서 각 영업점에 맞는 사은품을 직접 구매하도록 한 것이다. 이렇게 하면 일단 전 지점의 사은품을 구매하고 보내야 했던 우리 부서의 일이 조금이나마 줄어들고, 각 지점에서는 지점의 특색에 맞는 사은품을 직접 선정해서 구매할 수 있고, 무엇보다도 사은품 업체 선정으로 인한 각종 청탁 및 압력으로부터 자유로워지니 예산 운용을 투명하게 처리할 수 있었다. 일석삼조의 효과를 거둔 셈이다.

예전에 사은품제작을 위해 받아 창고에 쌓아두었던 사은품 샘플들은 본점 내 근무하는 청원경찰, 주차관리요원 등 계약직 종사자 분들께 모두 나눠드렸다. 사은품 선정 과정에서 발생하는 불편한 시선을 완전히 차단한 것이다.

특정지역 옥외광고 요청, 각종 행사 후원 제안, 각 지점 거래처 대상 스폰 제안, 임원 지인의 업체 물품 구입 요청 등 다양한 제안 및 요구 사항들이 나에게 전달되었다. 나는 언제나 공정하고 투명하게 운영하려고 노력했다. 원칙에서 벗어나지 않으려 오히려 내가 그들을 설득하고 양해를 구하는 일이 더 많았다. 하지만 지원 가능한 일에는 아낌없이 지원해줌으로써 상대방의 마음을 다치게 하지 않으려 무던히 노력했다. 또한, CF 제작을 위한 사진 촬영 스튜디오, 녹음실, 편집실, 옥외광고 설치 현장 등 그 모든 곳을 직접 발로 뛰며 참여했다.

CF 촬영 관련한 해외 출장 시에도 철저하게 일을 위해 필요한 일정 이외의 어떤 개인적인 일정도 포함하지 않았으며, 극장광고 노출 시에는 주변 부서장 및 직원들을 초대하여 극장 광고 시연회 및 영화 관람의 기회도 제공하고, 여러 측면에서 최소한의 비용으로 최대의 효과를 내고자 노력했다.

각종 협찬 및 행사(암참-주한미국상공회의소, 경향마라톤 대회 협찬 등) 등을 진행하였을 때에도 철저한 사전준비로 행사 후 좋은 평가를 받았다. 다방면에서 여러 가지 경험을 하며 이제껏 몰랐던 나의 새로운 역량도 발휘할 수 있었던 시간이었다.

그뿐 아니라 평소 내가 관심을 두었던 분야들(패션, 다수의 해외 경험, 다량의 영화 관람, 골프 등)도 충분히 활용하며 마음껏 재량을 펼쳐 보였던 시절이기도 했다. 나는 내게 주어진 큰 프로젝트들을 거침없이 수행해나갔다.

비록 마케팅 전공자도 아니고 광고 홍보에 관련한 사전 지식이 충분하지도 않았지만, 식지 않는 열정이 있었기에 가능한 일이었다. 열정만 있다면 어떤 일도 헤쳐나갈 수 있고, 그러다 보면 성공은 저절로 따라온다는 것을 경험을 통해 깨달을 수 있었다.

내가 강조하고 싶은 것은 자신의 삶에 대한 사랑과 열정이 있어야만 일에 대한 열정도 뒷받침된다는 사실이다. 일은 삶의 일부이고 더 나은 나의 삶을 위한 것이어야지 일에만 열정을 불태워서는 안 된다. 일에만 얽매여 생활하다 보면 몸도 마음도 지치게 된다. 열정적으로 해내던 일이 해치워야 하는 숙제가 되면 그 사이 열정은 식어버리고 만다. 식어버린 열정은 아무 데도 쓸모가 없다.

우리는 주변에서 지나치게 일에만 몰두하다 몸도 망치고 결국 잘못되는 경우를 종종 본다. 지나친 야근이나 의미 없는 술자리 등 불필요한 시간을 지양해야 한다. 누군가는 이런 말을 할 것이다. 사회생활에서 술자리는 어쩔 수 없는 것이라고. 술자리도 업무의 연장이고, 직장생활에서 받는 스트레스를 날릴 수 있는 시간이라고. 핑계 대지 마라! 몸만 축내는 술자리는 열정을 방해하는 최대의 적일 뿐이다. 피로나 스트레스는 술이 아니라 건강하게 풀어내야 한다.

자신에게 시간을 투자하라, 힐링의 시간을! 그리하면 열정을 지속시킬 수 있고 인생도 행복해진다.

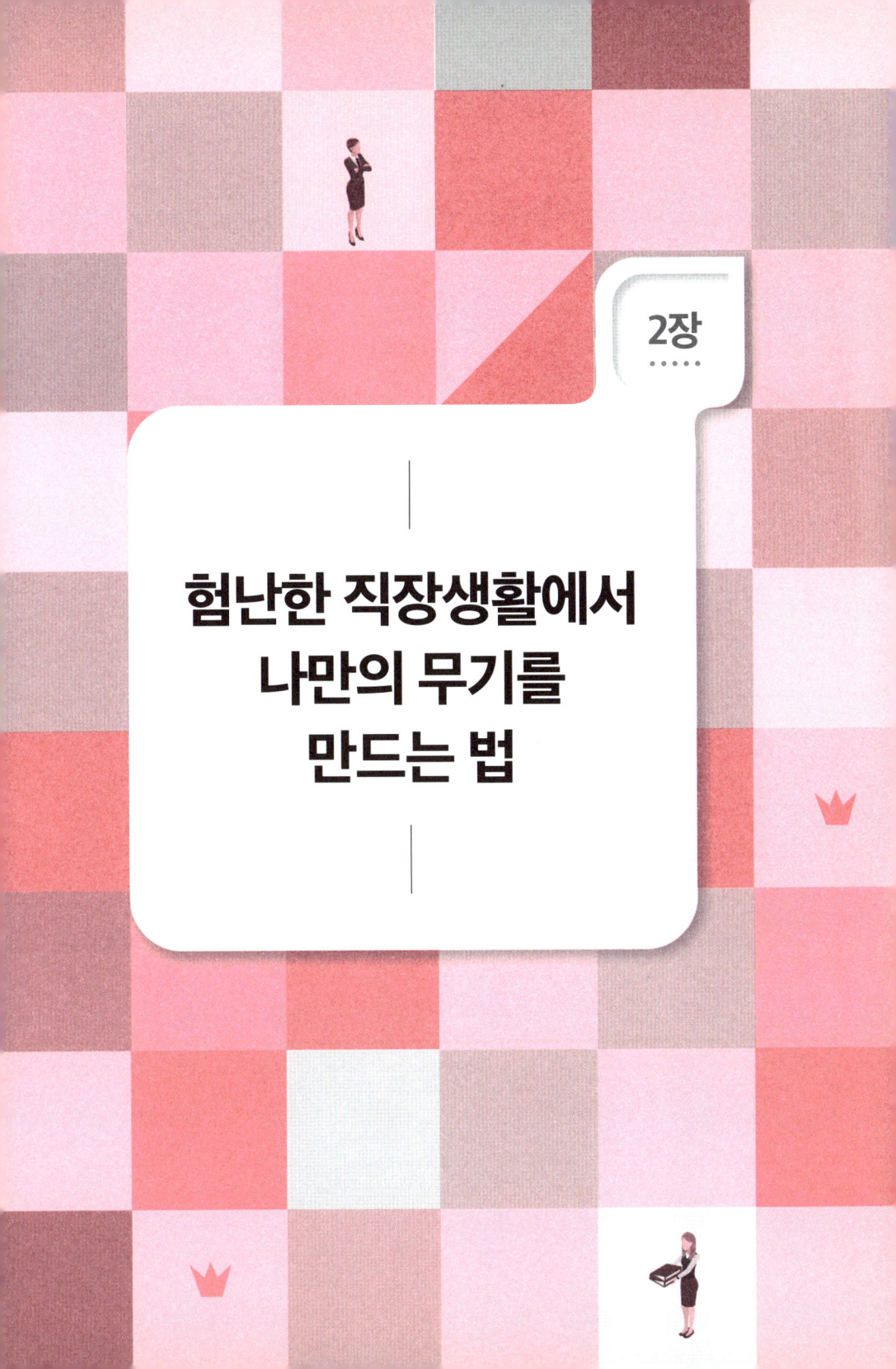

2장

험난한 직장생활에서 나만의 무기를 만드는 법

나만의 컬러를
드러내라

어떤 이는 "성공과 외모는 털끝만큼도 관계가 없다. 외모에 투자하는 것은 꿈을 향해 나아가는 데 시간을 허비하는 것일 뿐, 껍데기에 신경 쓰지 말고 알맹이를 채우는 데 더욱 노력하라!"고 말한다.

나는 이 말에 동의하지 않는다. 결단코 동의할 수 없다. 외모의 범주에는 얼굴 생김뿐 아니라 옷차림과 attitude 즉 태도와 자세도 포함된다. TPO(Time 시간, Place 장소, Occasion 상황 또는 경우)에 맞는 옷차림과 태도는 자신을 표현하는 데 있어 아주 중요한 경쟁력이라고 생각한다.

나만의 컬러가 있는 사람

 21세기 성장동력 키워드 중 하나는 '콘텐츠'이다. 모든 분야에서 모두가 입을 모아 콘텐츠의 중요성에 대해 말한다. 특히 문화콘텐츠는 다양한 문화와 매체가 결합하여 새로운 문화를 재창조하고 시공을 초월한 활용이 가능하다는 점에서 다양한 형태로 개발되고 있다.

 콘텐츠란 어떤 소재나 내용에 여러 가지 문화적 공정을 통해 가치를 부여하거나 드높이는 것이다. 문화적 요소를 발굴하고 그 속에 담긴 의미와 가치를 찾아내는 것처럼 우리도 내 안에 담긴 의미와 가치를 찾아내어 나만의 콘텐츠를 만들자는 것이 최근의 트렌드인 것이다. 시대의 트렌드에 맞는 개성 넘치고 영향력을 줄 수 있는 사람으로 만들어가는 것이 자신을 브랜드화하는 것이라면, 그 요소 중 빼놓을 수 없는 것 하나가 때와 장소에 맞는 옷차림과 태도다.

 나를 브랜드하기 위해서는 끊임없이 묻고 답하는 과정을 통해 자신만의 가치를 찾아야 한다. 나는 과연 어떤 사람으로 인식되고 싶은가? 남이 보는 나의 이미지는 어떤지? 일상생활 속에서 나의 자연스러운 모습은 어떠한가? 유쾌한 사람, 자신만만한 사람, 창의적인 사람, 열정적이고 도전적인 사람, 추진력 있는 사람, 친근한 사람, 카리스마 있는 사람, 멋있는 사람 등 자신만의 차별화된 가치를 찾아 고유의 색을 지녀야 한다.

 리더가 되기 위해서는 반드시 자신만의 색이 필요하다. 타고난 자질과 열정, 성실함, 긍정적 사고방식, 목표와 능력, 태도 등이 적절하게 조화를 이룬 사람만이 탁월하고 남다르다고 평가를 받는 리더가 되는 것이다.

수많은 요소 중에 나는 외양에 대해서 말하고자 한다. 일반적으로 필수요건이 아니라고 생각할 수 있지만, 때와 장소에 맞는 옷차림은 자신을 표현하는 매우 중요한 요소다. 외양은 첫인상을 결정하는 데 상당 부분을 차지한다. 나는 직원들의 용모와 옷차림에 대해 항상 지적해왔다.

우리는 고객에게 믿음과 신뢰를 주어야 하는 사람들이기에 무엇보다도 첫인상이 중요하다. 시장 아줌마처럼 하고 있으면 고객들도 우리를 시장 아줌마처럼 대할 것이고, 커리어우먼처럼 단정하고 정갈한 모습이면 고객도 우리를 존중해준다. 때와 장소에 맞는 옷차림은 경쟁력이자 상대를 존중하는 것이기도 하다. 적어도 서비스업에 종사하는 사람에게 그 위치에 적합한 격에 맞는 옷차림은 필수다.

내 직원들은 슬리퍼도 신지 않았다. 나는 직원들에게 슬리퍼를 하나씩 사주며 업무시간 중에는 반드시 구두를 착장하고 은행 셔터가 내려가면 그때부터는 편하게 슬리퍼를 신을 수 있게 했다.

PB시절 KLM(네덜란드항공) 한국지사장께서 어느 날 "김 팀장 옷차림은 남들과 달라요."라고 하셨다. 나를 볼 때마다 상대로 하여금 신뢰를 갖게 하는 뭔가 다른 차별성이 느껴진다고 말씀하셨다. 그리고 신뢰는 나와의 지속적인 거래를 통해 더욱 굳건해졌다고 했다. 그 말이 나만이 가진 가치를 인정해주는 것 같아서 감사했다. 그분은 정년퇴임 후에도 네덜란드 관광청에서 본인의 역량을 더 발휘하시다가 2010년 네덜란드 여왕이 수여하는 오렌지-나소 기사 작위를 받은 영광의 주인공이시다. 판교에 거주하시는데 시내에 나오시면 꼭 들러 응원의 에너지를 전해주시곤 하셨다.

전국점포장 회의 때 지점장 중에 몇몇이 내 앞에서 여자지점장들의 옷차림에 대해 흉을 본 적이 있다. 모 지점장은 장바구니만 손에 쥐어주면 장 보는 동네 아줌마라면서 같은 본부 내 있는 여성책임자들의 옷차림이 거슬리는 경우가 많다고 덧붙였다.

나는 평소 커리어우먼으로서의 자세, 복장, 태도에 늘 신경 쓴다. 업무를 잘 처리하는 것도 중요하지만, 자기관리 역시 그에 못지않게 중요하기 때문이다. 남성의 경우 정형화된 기본 슈트와 셔츠, 타이가 있지만, 여성의 경우 선택 폭이 광범위하기 때문에 어울리는 스타일로 잘 매치하기란 쉬운 일이 아니다. 예전에 여성이 자신에게 가장 어울리는 스타일을 찾기까지 60년이 걸린다는 기사를 본 적이 있다. 그만큼 자신에게 맞는 스타일을 찾으려면 수없이 많은 스타일을 입어 봐야 한다는 뜻으로 해석된다.

외양을 가꾸는 데 과다한 지출을 하라는 것은 아니다. 약간의 시간과 노력을 투자하면 저가로도 얼마든지 멋을 낼 방법이 있다. 홈쇼핑, 인터넷, 새벽까지 문을 여는 동대문시장, 고급브랜드의 상품을 70~80% 살 수 있는 아울렛 매장도 많다. 결코 쉬운 일은 아니지만 의지와 노력만 있으면 누구나 가능한 일이다.

명품 못지않은 가치

신입직원 면접관을 할 때였다. 당시 내가 맡은 파트는 PT(과제를 주고 15분 후 과제에 관한 본인의 생각, 의견을 발표)평가였다. 주제에 대한 개인의 의견도 중요하지만, 내용을 전달하는 자세와 태도를 평가기준으로 삼았다. 3분이라는 짧은 시간 동안 자신을 충분히 어필해야 한다.

금융권 최초로 실시한 블라인드 면접이었기 때문에 개인의 스펙은 전혀 알 수 없었다. 오직 면접만으로 기업의 인재상(열정과 능력을 겸비하고 끊임없이 변화를 창조하는 사람, 고객을 위해 행동하는 사람)에 적합한 인재를 찾아내는 과정이었다. 획일화된 면접복장, 헤어스타일, 비슷한 또래 속에서 자신을 어필하기란 쉽지 않은 일이다. 하지만 분명히 눈에 띄는 친구들은 존재한다. 차별성을 가진, 남다른 이들은 보인다는 뜻이다.

새내기이지만 그 안에서도 차별성을 찾을 수 있었던 이유는 이미 내재된 자신만의 컬러가 있었기 때문이라고 생각한다. 그런 젊은이들조차 아직은 자신들이 가지고 있는 자질이나 품성, 열정의 온도를 정확히 알 수 없을 것이다. 입사 후 업무지식을 습득하고 훌륭한 멘토를 만나 리더로서의 자질을 배운다면 머지않아 그들도 자신만의 색깔을 가진 역량 있는 리더가 될 것임을 확신한다.

영화와 여행을 좋아하는 '나', 패션에 지대한 관심을 가진 '나', 골프, 수영, 스키, 당구, 탁구, 낚시 등 다양한 스포츠와 취미활동을 즐기는 '나'가 집약되어 나만의 고유의 색깔을 가지는 데 중요한 요소로 작용하여 나의 브랜드가 된다.

무언가를 떠올렸을 때, 어떤 색깔을 떠올렸을 때 연상되는 사람이 되어보자. 나만의 색깔을 찾고 나 자신을 브랜드화해나가다 보면 시간의 흐름에 따라 명품 못지않은 가치를 가지게 될 것이다. 그 가치는 내 삶의 질을 높이는 데도 반드시 필요하다.

멘토가 있는 사람은
다르다

나는 스펙도, 인맥도 없는 너무나도 평범한 존재였다. 그럼에도 조직에서 내 역할, 내 몫을 충분히 다 할 수 있었던 이유는 단연코 나를 이끌어주는 고마운 분들이 많았기 때문이라고 할 수 있다. 아무리 능력이 뛰어난 사람이라도, 아무리 빵빵한 스펙을 가지고 있어도 그를 알아보고 이끌어주는 이가 없다면 본인의 힘만으로는 핵심부서나 핵심적인 업무를 담당하기가 쉽지 않다.

나는 다행히 신임책임자로 첫 발령을 받은 점포에서 닮고 싶은 멘토들을 만나는 엄청난 행운을 누릴 수 있었다. 지점인원 40명 중 책임자는 9명이었다. 외환담당 김삼환 차장, 여신담당 김광근 차장, 섭외전담 윤종웅 차장, 정관범 부지점장, 송요선 지점장은 너무나 사랑하고 존경해 마지않는 나의 스승이자 멘토들이시다. 특히 지점장과 부지점장은 아낌없는 칭찬과 격려로 내가 언제나 파이팅할 수 있도록 용기와 에너지를 북돋아주었다.

다양한 멘토들은 내가 책임자로서 기초를 다지는 데 훌륭한 선생님이 되어주었다. 그때 배운 많은 것 중 하나가 팀원 중 잠재력을 지닌 직원을 발견해서 그에게 힘을 실어주고 그를 통해 나의 메시지를 전파하라는 것이다.

관리자의 정확한 지시로 이루어지는 업무 외에도 팀워크를 발휘해 성과를 높이고 목표를 달성하기 위한 새로운 아이디어가 필요할 때가 있다. 관리자의 아이디어는 직원들에게 지시와 명령으로 보일 수 있기 때문에 마지못해 하다 보니 실패하는 경우가 많은 반면, 직원들의 자발적인 아이디어는 성공할 확률이 매우 높다. 이를 독려하기 위해 일단 한 사람에게만 나의 아이디어를 제공했다. 그러면 그 사람이 거기에 자신의 아이디어를 추가하여 직원들이 스스로 하게끔 유도했다.

팀원들이 머리를 맞대고 아이디어를 구체화하면 나는 직원들을 격려하고 칭찬하며 나도 한 명의 팀원으로 동참해 다 함께 목표를 이루어냈다. 이때 주의할 점은 처음 아이디어를 제공한 한 사람의 정체는 반드시 그와 나 둘만 알아야 하며, 그에게 힘을 실어준 것을 다른 직원이 알아서는 안 된다는 점이다.

넌 누구 빽이니?

직장생활은 시작이 중요하다. 입사해서 3년에서 5년 동안은 어느 부서의 어떤 상사 밑에서 일하는가가 향후 직장생활을 판가름하기도 한다. 또한, 평판도 빼놓을 수 없는 중요한 점 중 하나다. 일에 대한 열정과 태도, 상사와 부하직원과의 소통, 개인적인 생활에서의 인성 등 평소의 모습이 나를 이끌어주는 중요한 시작점이 된다.

새로운 프로젝트나 핵심인물을 필요로 하는 경우 추천을 받거나 평소 눈여겨 봐왔던 직원을 선택하는 경우가 많다. 일반적인 업무가 아닐 경우에는 과거 그 업무를 담당했던 직원을 다시 책임자로 불러와 관리자로 임명하는 경우가 많다. 새롭게 일을 배울 시간을 준다거나 검증되지 않는 능력이 생기기를 기다려줄 만큼 조직은 여유가 없다. 바로바로 성과를 내야 하는 구조이다 보니 경력과 능력은 반드시 필요한 조건이 될 수밖에 없다.

이때 또 중요한 기준이 되는 것이 평판이다. 함께 일할 때 편안한 사람인지, 상사나 부하직원과 소통할 줄 아는 사람인지, 성실하고 추진력 있는 사람인지가 평판의 기준이 된다. 추천한 사람이나 선택한 사람 모두 후회나 실망하지 않도록 평판은 언제나 한결같도록 유지해야 한다. 그것이 나를 이끌어주는 든든한 줄이 되기 때문이다.

입행 후 내가 처음 발령받은 점포는 충무로지점이었다. 그곳에서 4년을 근무하고 본점 중소기업부(여신심사), 계동, 본점 외환부(외화 환전, 해외송금 등 외국환 전담부서), 광화문, 감사부, 광고디자인팀, 소공동, 명동, 도심의 중대형 지점과 본점 부서에서 평균 3년 정도씩 근무했다.

소공동과 충무로 지점은 다른 직급으로 두 번씩 근무한 점포기도 하다. 생각해보면 나는 운이 좋은 편이었던 것 같다. 주변에 늘 좋은 사람들이 많았다. 대형점포에 근무하다 보니 함께 일하는 직원 수가 많았고, 그들은 대부분 본점 부서나 인근 대형점포로 이동을 한다. 나역시 함께한 이들을 통해 시내 중심의 대형점포에서 근무할 기회를 얻기도 했다.

1991년에 외환부로 발령을 받았을 때 선배 직원이 물었다.

"넌 누구 빽이니?"

"그런 거 없는데요."

당시 외환부는 천국이라고 불릴 만큼 근무환경이 좋았다. 외환은행의 각종 외화 환전 및 송금 업무가 주 업무인 외환담당 부서였는데, 업무량에 비해 일하는 직원은 50명 정도로 많은 편이었다. 그러다 보니 업무시간도 여유 있었고 퇴근시간도 칼 같았다. 그래서 많은 이들이 희망하는 부서였다.

그런 부서이다 보니 이런 질문을 받는 것도 이해가 됐다. 나는 바로 전 근무지인 계동지점에서 과도한 업무로 업무시간 중에 쓰러져 병원에 실려간 적이 있을 만큼 열심히 일했고, 은행장 2등급 표창도 받았다. 은행 역사상 여행원이 2등급 표창을 받은 것은 처음 있는 일이었다. 그렇게 계동지점에서의 4년의 근무가 끝날 무렵 이동 시기가 되었고, 지점장께서 후배인 인사부장에게 아끼는 직원이니 좋은 부서로 발령을 내주라고 부탁하셨던 모양이었다. 나는 이 사실을 나중에 알게 되었다. 나 역시 든든한 빽이 있었다는 것을.

 이후에 감사부 시절 3년 넘게 전국의 많은 점포를 방문하면서 느낀 바가 있다.

- 핵심인력은 대형점포, 시내점포, 본부 부서에 편중되어 있다.
- 핵심인력은 또 다른 핵심인력을 키우고 성장시키는 원동력이다.
- 변방에서 근무하는 책임자는 주로 변방으로만 움직인다.
- 변방의 책임자, 관리자의 역량은 다소 미흡한 수준이다.
- 일반 직원 특히 여직원, 역량이 높은 여직원들은 변방에 많다.
  (그들은 육아문제로 집 근처에서 근무하기를 희망하기 때문이다.)
- 외곽일수록 근무환경이 너무 열악하다.

 20년이 넘도록 근무하면서 처음 알았다. 근무환경이 열악한 점포들이 많다는 사실을. 내가 그동안 얼마나 윤택한 근무환경에서 일했었는지를 여실히 알게 된 시간이었고, 다양한 부류의 관리자들을 겪을 수 있었던 귀중한 시간이기도 했다.

좋은 사람 곁에는 좋은 사람이 모인다

많은 직장인이 멘토를 구하기 위해 유명인들의 자서전도 읽고 자기계발서도 접한다. 그런데 멘토를 찾으라는데 '멘토 구함!'이라고 구인광고를 낼 수도 없는 노릇이고, 당최 어디서 어떻게 찾아야 할지 헤매는 사람들이 대다수다. 진정한 멘토를 찾는 일은 어렵다. 어렵기 때문에 찾았다면 그것만으로도 행운이고 축복이다.

멘토는 유명세로, 많은 사람이 멘토로 삼으니 나도 거기에 동참해볼까 하는 생각으로 찾아서는 안 된다. 찬찬히 주변부터 둘러보아라. 멘토는 멀리서 찾는 게 아니다. 내 직장 안에서 찾아라. 반드시 나를 이끌어줄 멘토가 있을 것이다.

내가 관리자가 되기까지 나를 멘토로 삼은 많은 멘티들이 있었다. 나는 멘토로서 정확하게 상황을 판단해서 고민하게 하고, 새로운 길을 찾아주고 용기를 주는 과정을 통해 그들이 성장하는 모습을 지켜봐왔다. 조언은 조언일 뿐, 성공은 오로지 그들 자신의 몫이다. 나의 멘티들이 성장하는 모습을 보면 뿌듯하고 벅찬 감동을 주체할 수 없을 만큼 행복하기도 하다. 비록 싱글이지만, 부모가 자식을 키우는 보람을 느끼곤 한다.

내가 조직에서 후배들에게 조언해줄 수 있는 사람으로 성장할 수 있었던 것은 스펙이나 출중한 업무능력 때문이 아니라 좋은 사람들, 인적자산 덕분이었다. 나의 인적 자산은 넓지는 않다. 그렇지만 깊이가 있다. 그래서 나는 늘 감사한다.

  직장을 그만두는 사람의 90%가 업무 스트레스가 아닌 인간관계 때문이라고 한다. 그들에게 말해주고 싶다. 먼저 좋은 사람이 되라고, 그리고 사람들을 한결같은 마음으로 대하라고. 좋은 사람 주변에는 늘 좋은 사람들이 모인다. 그렇게 모인 사람들이 당신을 성공으로 이끄는 줄이 되어줄 것이다.

좋은 사람들끼리 주고받는
에너지를 흡수하라

살다 보면 수많은 사람을 만나게 된다. 나는 온종일 고객과 만나는 직업특성 상 짧은 대화만으로도 상대방이 어떤 사람인지 대충 파악할 수 있는 나름의 노하우가 생겼다.

어떤 사람은 사랑을 듬뿍 받고 자랐는지 행복한 에너지가 은은하게 퍼지고, 어떤 사람에게서는 절망과 우울한 에너지가 느껴지기도 한다. 좋은 사람들에게서는 좋은 에너지가 느껴진다. 그래서 좋은 사람들과 함께하는 시간은 내겐 행복이고 기쁨이다.

길을 잃고 헤매거나 어디로 가야 할지 모르겠다면 주변의 좋은 사람들에게 묻고 배워라. 내가 좋은 사람들을 많이 만나서 좋았던 점은 굳이 묻지 않아도 그들을 지켜보는 것만으로도 많은 것을 배울 수 있었다는 점이다.

가장 가까이에 있는 직장 선배들의 말이나 행동이 가장 피부에 와 닿는다. 선배들에게 배운 것은 바로 시행할 수 있으며 효과적이다. 그들이 걸었던 길이 지금 내가 걸어가는 길이기에 그들의 조언이야말로 모범답안이다. 방법과 노하우를 묻고 듣는 시간은 훌륭한 수업이 된다. 좋은 사람들끼리는 서로 좋은 에너지를 주고받아 시너지를 만들어낸다.

반대의 경우도 있다. 어느 날 지인으로부터 고객 한 분을 소개받았다. 그는 제법 규모가 큰 중장비 생산업체의 대표였다. 소개해주시는 지인과 셋이 금요일 점심을 하는 자리에서 나는 공장 직원 300여 명의 급여통장 개설 및 신용카드 발급 등의 거래를 요청하였다. 그분은 소개해준 고객의 부탁이 있었기에 흔쾌히 지원을 약속하셨다. 점심식사 자리부터 시작된 술자리는 오후가 돼서야 정리되었고, 월요일에 회계 담당 부장과 통장개설 및 급여이체 등의 절차를 협의하기로 했다.

분명 지점 실적에 큰 도움이 되는 거래가 될 것이었다. 그런데 나는 주말 내내 고민했다. 그리고 결국 소개해주신 고객과 업체대표께 정중하게 거절의 메시지를 보냈다. 아무리 생각해도 좋은 사람이라는 생각이 들지 않았기 때문이다. 내 실적을 생각한다면 참아야 하는데, 오래갈 자신이 없는 사람과는 시작조차 하지 않는다는 나의 원칙과 맞지 않았다. 일회성 거래라면 응했을 테지만 일회성이 아니기에 시작하지 않는 편이 좋겠다고 판단했다.

직원이든 고객이든 나는 서로에게 좋은 사람이고 싶다. 좋은 사람끼리 마음 맞춰 일하면 신 나고, 좋은 에너지가 옮겨져 다 같이 행복해지기 때문이다. 나는 그해 신규유치 실적 미달로 성과평가 평가군에서 꼴찌했지만, 결코 후회는 하지 않았다. 꼴찌 성적 때문에 후에 본부장 임용에 탈락되었다는 얘기도 들었지만, 그 역시도 진심으로 후회하지 않는다. 하지만 진심으로 본부장 임용에 응원을 아끼지 않으신 강 본부장과 많은 분들에게는 감사할 따름이다.

서로 도움을 줄 수 있는 관계

행원 시절 대기업 지급인증 업무를 담당한 적이 있다. 담당한 법인 대기업 전체 계열사의 해외 송금 및 외국환관리규정상 송금 가능 여부를 승인해주는 업무였다. 당시만 해도 여성행원과 남성행원의 업무가 명확히 구분되어 있어 지급인증 업무는 주로 남성들이 담당했었다. 주변 남성행원들이 나에게 일반 여성행원 월급을 받으면서 왜 굳이 어렵고 복잡한 남자직원의 업무를 하느냐며 안타까움과 비아냥이 섞인 말들을 했었다.

경력관리 차원에서 믿고 발령내준 책임자를 생각해서라도 잘해내리라 마음먹었지만 힘겨운 날들이었다. 하루하루를 버티듯 생활하다 보니 오기가 생겨났다. 그러나 오기만으로 헤쳐나가기엔 내 능력이 너무도 부족함을 인정해야 했다.

1989년 당시 우리나라 외국환규정상에서 등재된 항목은 제한적이었는데, OO계열사에서 발생하는 외국환 거래는 처음 발생하는 거래가 많아 한국은행 외국환 담당부서와 협의 후 진행해야 하는 건이 많았다. 타 금융기관에서는 남성책임자가 담당하였는데, 우리 지점에서는 일반 행원이, 그것도 젊은 여자행원이 종종걸음으로 드나들었으니 눈에 띌 만했다. 그들이 보기에 내 모습이 안쓰러웠는지, 대견스러워 보였는지는 모르겠지만, 덕분에 많은 도움을 받았다. 그들 입장에서도 새로운 사례 발굴을 통해 새로운 업무 규정을 개정하는 일이었으므로 서로 상부상조하는 셈이었다.

　무역 관련 선박운송, 변호사 용역대가, 기술대가(Royalty) 지급, 해외근로자 급여송금, 에너지 기술제휴 등 모든 계약서가 영어로 표기되어 있었다. 게다가 업체와 상담 시 듣게 되는 세계 경제, 무역과 관련된 경제지식 분야, 정치 분야에 대해서 부족함을 느꼈던 시절이기도 하다. 일단 영어로 작성된 계약서 내용을 파악해야 다음 업무처리가 가능한 프로세스여서 외대 영어과 출신인 친구를 수시로 찾아가 도움을 받았다. 직장생활을 하다 보면 난관에 부딪혀 누군가의 도움이 필요할 때가 반드시 온다. 나의 부족함을 드러내지 않으려고 오기를 부리다가 업무의 완성도를 떨어트리기보다는 부족함을 인정하고 도움을 받아 완성도를 높이고 성과를 내는 편이 좋은 선택이다.

　그때 큰 도움이 되어주었던 나의 친구는 영어어학원을 운영하며 자신의 꿈을 이어가고 있다. 여전히 서로에게 힘이 되는 고마운 친구다.

여성들이여, 도움받는 것을 부끄러워하지 마라

여성은 기업여신에 약하다는 편견이 강하다. 물론 책임자 시절부터 여신을 담당하지 않았기에 여성 스스로 두려워하는 것도 사실이다. 새로운 점포로 발령을 받고 기업여신에 탁월한 능력을 발휘하는 동료 남자지점장에게 도움을 청하였다. 처음 업체를 발굴하는 단계부터 접촉하는 과정, 상품제안 등 전반적인 업무 프로세스에 대해 족집게 과외를 받았다.

과외선생인 여신전문 지점장은 어떤 자세를 가져야 하는지부터 알려줬다. 100곳을 방문하면 한두 곳 성공한다는 마음으로 임해야 하며, 반드시 오늘 성공한다는 마음보다는 '오늘도 당연히 거절을 당할 거야.'라는 마음으로 임하는 것이 방법이었다. 거절을 당연하게 생각하지 않으면 자꾸 기운이 빠져 주저하게 된다는 것이다.

거절과 실패를 대수롭지 않게 여기기로 굳게 다짐하고 하나하나 실천해보았다. 과외선생의 훌륭한 가르침 덕분인지 세 번째 방문한 업체에서 기업여신 거래를 유치할 수 있었다. 일반적으로 취급하기 어려운 기술형 창업자금 신규 유치였다. 이를 계기로 자신감이 붙자 이와 유사한 거래를 몇 건 더 유치했다.

기업전용 점포에서도 하기 힘든 대출을 개인형 점포에서 다수의 건을 취급한 사례는 한동안 본부 내 화젯거리가 되었다. 자신감이 생기니 성공 건수는 계속 증가하였고 대출 계수가 수백억 이상 증가했다.

이런 나의 경험과 노하우가 특히 후배 여성 관리자들에게 도움이 되었으면 좋겠다.

여성들이여, 여자라고 겁먹거나 위축되어 피하지 마라. 학생들이 부족한 과목을 별도의 과외로 보충하듯이 그 분야 전문가의 도움을 받아라. 도움받는 걸 부끄러워하거나 자존심 상해하지 마라. 손 내밀면 나를 도와줄 동료, 선배, 상사는 많다. 기꺼이 도움을 청하고 받아라. 그리고 훗날 나의 도움을 필요로 하는 손길이 있을 때 주저하지 말고 도움을 주면 된다.

나는 직장생활을 하며 많은 사람에게 도움을 받았다. 그분들은 언제, 어느 때 만나더라도 좋고 반가운 분들이다. 따뜻한 사람, 주고 또 주어도 자꾸만 주고 싶은 사람, 늘 응원하고픈 사람. 좋은 사람이란 그런 사람들이다. 나도 그들처럼 상대방이 마음 편하게 언제 만나도 반가운 사람, 도움이 되는 사람이 되려고 노력해왔다. 목소리만 들어도 힘이 되는 사람, 곁에 있는 것만으로도 위안이 되고, 항상 좋은 에너지를 뿜어내며 돌아서면 다시 보고 싶은 사람으로 기억되고 싶다.

나를 위한
스펙을 쌓아라

요즘은 자격증 서너 개로는 명함도 못 내민다고들 한다. 바야흐로 고학력, 고스펙이 넘쳐나는 시대다. 따라서 너도나도 경쟁적으로 목표 없는 무분별한 스펙 쌓기에 열을 올린다. 어학공부를 위해 학원에 다니고 동아리 활동이나, 봉사활동, 인턴, 아르바이트를 경험하며 스펙 쌓기에 집착을 한다. 거기에 인문학이 붐을 일으키면서 많은 대기업이 인문학적 소양을 갖춘 인재를 원한다고 한다. 인문학이 또 하나의 스펙이 된 셈이다.

한 취업포털사이트에서 기업의 인사담당자 280명을 대상으로 '구직자 잉여 스펙'에 대한 설문조사를 진행한 결과, 무려 82.5%가 인재 채용 시 불필요하다고 생각하는 스펙이 '있다'고 답했다. 응답자의 38.9%는 직무와 관련 없는 스펙은 필요 없다고도 했다. 다시 말하면

'직무에 관련된 스펙'이 중요한 것이지, '잉여 스펙'은 개인의 노력을 판가름할 수 있는 척도일 뿐 채용에는 영향을 주지 않는다는 것이다. 이 같은 설문조사에서 알 수 있듯 취업의 당락을 결정하는 것은 스펙이 전부가 아니다. 스펙이 중요하지 않다는 게 아니다. 다만 스펙이 전부이던 시절은 지났다는 것이다.

나는 '찬반토론 면접'에 면접관으로 참여한 적이 있다. 찬반토론 면접은 주제를 주고 반은 찬성을, 반은 반대의 입장에서 각자의 논리를 가지고 상대방을 설득하도록 한다. 이때 찬성이나 반대는 면접자가 선택하는 게 아니라 임의로 분류된다.

각자의 논리로 주장을 펼치며 상대방을 납득시키고 설득하는 과정에서 소통능력, 전달능력을 살피고, 리더의 역할을 하는지, 단순 동조자 역할을 하는지, 방관자인지를 평가한다. 또 같은 편인 동료와의 어우러짐은 어떤지, 혼자만 튀어보려 동료의 의견을 묵살하지는 않는지도 살펴볼 수 있다.

면접의 모든 과정은 출신 학교나 학점, 스펙이나 인적네트워크 같은 그 어떠한 신상정보도 노출되지 않는 블라인드 면접으로 진행된다. 그러므로 스펙이 아닌 직무에 필요한 기본 소양을 갖추었는지, 인성적인 면에서 조직원으로서 함께할 준비가 되어 있는지, 변화에 자연스럽게 적응하고 상황 대처능력이 있는지, 동료와 협력하여 멋진 결과물을 만들어낼 수 있을 것인지만 보고 결정한다. 아무리 유능하고 똑똑한 사람일지라도 동료와 어울리지 못하고 독불장군처럼 행동한다면 원활한 직장생활이 어렵기 때문에 기업에서 찾는 각 기업의 인재상에 적합한지가 핵심이다.

직장생활에서 진짜로 필요한 것

　책임자가 되고 얼마 안 되었을 때의 일이다. 창구에 앉아 있던 직원이 갑자기 책상 밑으로 숨더니 엉금엉금 문서고 쪽으로 걸어가 숨어버렸다. 따라가 물었더니 별일 아니라고 했다. 이상하다고 여겼지만 더는 묻지 않았다.
　그로부터 며칠 뒤 그 직원이 전과 똑같은 자세로 창구 밑으로 숨는 게 아닌가! 재차 물었더니 대학시절 미팅으로 만났던 친구가 객장 문을 열고 창구 쪽으로 오는 걸 발견하고 숨었다고 했다. 대학 때 킹카였던 자신이 창구에 앉아 예금 입출금을 하는 게 창피하다는 것이다.
　시내 중심가에 위치한 지점이어서 주변의 대기업 계열사 회사직원들이 자주 들르는 곳이었다. 나는 그 직원에게 당장 사표를 쓰라고 했다. 위로와 격려를 해줄 필요를 느낄 수 없었다. 그 직원은 입사한 지 채 1년도 되지 않았고 그런 마음으로 계속 직장생활을 한다면 본인뿐 아니라 동료도 힘들게 할 것이기 때문이다. 나는 단호하게 지금이라도 본인이 자랑스럽고 떳떳하다고 생각하는 일을 찾아보라고 했다. 결국, 그 직원은 얼마 버티지 못하고 스스로 그만두었다.

입사 후 1년도 되지 않아 적지 않은 사람들이 사직을 선택하는 이유는 그들이 생각하는 직장의 모습과 실제 모습이 많이 다름에서 오는 괴리감 때문일 것이다. 전문직종이 아니라면 내가 그동안 쌓은 스펙만 가지고는 이겨내기 힘들다. 목표의식이나 직업의식이 투철하지 않으면 버티기 힘든 일이 많다. 무엇보다 같이 일하는 동료를 인정하지 않고 어울리지 못하면 절대 성공할 수 없다. 직장생활이란 동료를 이해하고 상생을 통해 성과를 내어 조직에 기여할 뿐 아니라 자기 자신도 성장하는 것이다.

법대 출신으로 고시공부를 하다 남들보다 조금 늦게 입사한 한 직원은 직장생활이란 것이 이렇게 힘든 줄 몰랐다고 털어놓았다. 조직에서 요구하는 것과 6년간의 대학생활에서 해왔던 것이 아무 관련이 없다는 걸 뼈저리게 느꼈다고 했다. 물론 이 직원은 사법고시 준비에 집중하다 보니 다른 사람들과 달리 더 제한적인 사고와 활동을 했을 것이다.

이제 기업은 스펙만 높은 사람을 원하지 않는다. 사람들 속에서 상대방을 이해하고 설득하고 생각을 관철할 수 있는 커뮤니케이션 능력, 새로운 사고와 창의성으로 직무에서도 성과를 내는 업무 능력 등 다양한 역량과 가능성을 지닌 인재를 필요로 한다.

내가 오랜 시간 직장생활을 하며 깨달은 것은 직장생활은 결코 혼자 하는 것이 아니라는 것이다. 상사, 부하직원, 수많은 동료와 함께 울고, 웃고, 슬퍼하고, 기뻐하며 만들어가는 것이다. 스펙이 좋은 사람을 선호할 수는 있지만 적어도 나와 함께 부대끼며 일할 동료는 혼자만 앞서 나가려는 사람이 아니라 뒤에서 받치며 함께 무게를 나누어 질 수 있는 스펙을 가진 사람이다.

여전히 많은 사람은 대기업에 취업하기를 희망한다. 하지만 예전과는 달라진 모습도 심심치 않게 볼 수 있다. 대기업은 초임연봉은 높을지 모르나 규격화되고 정형화된 기업문화에 적응하기 어렵고 과중한 업무와 짧아진 정년 등 불안요소가 많다. 따라서 자신의 진로와 목표를 세우는 데 있어서 하고 싶은 게 무엇인지, 어떻게 살아갈 것인지, 행복한 삶을 위해 진짜 가치 있는 것은 무엇인지에 대해 고민하는 이들도 증가하는 추세다.

스펙에 목숨 걸지 마라. 하고 싶은 일, 즐겁게 할 수 있는 일을 하며 나만의 스토리를 만드는 데 투자하라. 더 이상 도구나 수단, 보여주기 위한 스펙이 아닌 나를 발전시키는, 나를 위한 스펙을 쌓길 바란다.

현실이 힘들다면
전환모드를 경험하라

　나는 영화를 즐겨 본다. 사전에 먼저 여러 영화에 관한 정보를 찾아보고 관람할 영화를 선택하는 편이다. 정말 보고 싶었던 영화는 평에 상관없이 그냥 보지만, 대부분이 그렇듯 호평이 많은 영화를 주로 선택하는 편이다. 감독, 스토리, 출연진에 대해 충분히 인지하고 영화를 선택하지만, 영화가 상영되고 10분 정도면 방향이 정해진다. 다른 사람들의 긍정적인 평가가 나에게는 다를 수 있다. 내 기대치에 미치지 못한다면 아무리 호평일색이라 할지라도 재미없고, 돈 아깝고, 시간 아깝게만 느껴질 뿐이다.

　예전에는 영화가 재미없으면 보는 내내 불편한 생각으로 영화를 보았다. 정말 시간이 아깝고 돈이 아까웠다. 그러다 언젠가부터 영화 보는 습관을 바꾸게 되었다. 아니, 자세를 달리한 것이다. 영화를 보는 중에 기대치 이하라고 판단되면 바로 방향을 전환한다. 내용은 다소 흥미가 떨어지고 지루하더라도 영상미가 좋은 영화면 영상미에 초점을 두고, 배우의 연기에 집중하여 표정, 행동, 전달력 등 연기를 평가하기도 한다. 때론 영화의 소재나 시대상이 드러나는 의상, 소품 등에 관심을 가지고 관람하기도 한다.

얼마 전 본 영화 〈인페르노(Inferno)〉가 그랬다. 론 하워드가 감독하고 톰 행크스가 주연을 맡은 〈다빈치 코드〉, 〈천사와 악마〉에 이은 세 번째 이야기이다. 전작에 비해 재미없다는 혹평도 있었지만 스릴과 미스터리, 반전, 철학 모두를 담아냈다는 호평도 많았다. 그러나 기대를 너무 많이 한 탓인지 기대에 비해 지루했고, 긴장감이 부족하다 보니 집중이 안 되어 몰입도도 떨어졌다.

환경을 파괴하는 인류에 대한 비판과 경고, 인류 전염병과 멸종에 관한 강력한 메시지를 전달하는 내용이지만 솔직히 재미는 없었다. 방향 전환이 필요했다. 관점을 다른 곳으로 바꿔봤다. 이탈리아 피렌체, 베네치아, 터키 이스탄불을 여행하며 직접 눈에 담았던 광경들이 스크린에 펼쳐졌다. 하늘에서 내려다본 도시의 전경, 다양한 각도에서 보이는 풍경이 너무 아름다웠고, 여행의 기억이 새록새록 떠올랐다.

단테와 베아트리체가 함께한 골목, 피렌체의 두오모 성당 종탑에 올랐을 때 느꼈던 기분, 두오모 성당 문에 새겨진 성경 스토리, 메디치 가문의 비밀통로로 이용되었던 베키오다리, 미켈란젤로 언덕에서 내려다본 피렌체 모습, 장면 하나하나가 모두 생생하게 다가왔다.

다음 단서를 찾기 위해 간 곳이 물의 도시 베네치아였다. 산마르코 광장, 카사블랑카가 갇혔다던 감옥과 탄식의 다리, 멋진 곤돌라까지. 이어서 마지막으로 향한 곳이 터키의 이스탄불이었다. 아름다운 성소피아 성당, 소원을 빌었던 곳, 예레비탄 지하궁전까지 마치 그곳에 내가 다시 서 있는 듯했다. 마치 그곳들을 다시 다녀온 듯, 나는 추억을 가득 안고 행복한 포만감으로 극장 문을 나섰다.

이렇듯 내 앞에 직면한 문제가 처음 기대한 것과 다르거나 예상과 다르다면, 그것이 나의 힘으로 바꾸거나 변화시키기 어려운 것이라면 방향 전환이 필요하다.

출근하고 싶지 않은 이유가, 회사를 그만두고 싶은 이유가 '사람' 때문이라면 그 스트레스의 무게는 정말 참고 이겨 내기 힘들다. 내 맘 같지 않은 상사, 나의 반만큼이라도 따라와 줬으면 하는 부하직원, 그들에게서 장단점을 찾아내어 단점도 장점이 될 수 있도록 생각을 바꿔보자. 장점은 더욱 발전시켜 성과를 내는 데 활용해보도록 하자. 그들에게도 분명 특별한 무언가가 있을 것이다. 아주 작은 것이라도 극대화할 수 있는 좋은 점을 찾아내보자.

결국 나에게 주어진, 직면한 사안을 어떻게 받아들이느냐가 중요하다. 기대한 출연배우의 연기에 실망했다면 전체적인 이미지, 영상을 머리에 담는다거나, 줄거리를 기대했는데 스토리가 흥미롭지가 않다면 다른 쪽으로 관심을 돌리는 전환모드를 경험해보라. 실망스럽게 느껴지거나 불편한 면이 있더라도 다른 면에서 만족을 느낄 수 있다.

　방향 전환이 이루어지면 목표도 달라진다. 일단 목표가 있으면 어떤 어려움도 참아낼 수 있다. 내가 선택한 직장이 나의 방향과 다르다면 경험의 시간으로, 업무량에 비해 급여가 적다면 그 역시 불평보다는 경력을 쌓아 역량을 높이는 이직의 준비과정으로, 내게 주어진 업무가 버겁고 어려울 땐 그 일을 해냈을 때 남들과 차별화된 능력치를 쌓을 수 있다고 생각하면 된다.

　목표가 없으면 조그마한 일도 불평불만이 되지만, 목표가 있으면 참을 수 있고 다른 태세로의 전환도 가능해진다.

남을 바꾸려 하지 말고 내 생각을 바꿔라

　책임자 시절 상사에 관한 이야기이다. 아침 회의시간에 그 상사가 말하는 화제의 90% 이상이 골프에 관한 것이었다. 회의시간으로만 끝나는 게 아니었다. 업무시간 중에도 틈만 나면 골프 관련 이야기를 해댔다. 머릿속이 온통 '골프' 생각으로 가득했던 상사는 잠자리에 들어도 천장에 홀이 그려지고 퍼딩 장면이 떠오른다고 할 정도였으니 직원들의 괴로움이 얼마나 컸을지 짐작이 갈 것이다.

　그 상사는 업무도 거의 추진하지 않았다. 너무 몸을 사리다 보니 업무에 있어 지나치게 제한적이고 보수적이었다. 부하직원들에게도 마찬가지였다. 규정의 틀에서 벗어나는 일은 여지없이 결재가 나지 않았다.

모든 직원이 힘들어했지만, 특히 여신담당 책임자가 가장 힘들어했다. 여신이라는 것이 모든 조건에서 완벽하기는 쉽지 않은데, 조금이라도 규정에서 어긋난 것이 보이면 기껏 나가서 업체를 섭외한 보람도 없이 이런저런 사유를 들어 결재를 내주지 않았다. 일을 하겠다는 건지 말겠다는 건지 도대체 이해할 수가 없다고 여신담당 책임자의 불만불평이 쌓여갔다.

그런 불만이 계속되자 결국 일이 터지고 말았다. 여신담당 책임자는 그동안 쌓여왔던 불만을 작정한 듯 쏟아냈다. 누가 봐도 상사의 잘못이었지만 그 일로 그 책임자는 한동안 승진에서 누락되었고 결국 다른 곳으로 발령을 받았다.

일을 하다 보면 내 맘 같지 않은 상사, 부하직원은 반드시 존재한다. 그럴 때마다 무리하게 상대를 바꾸려 하거나 부딪치면 그 여파는 고스란히 나에게 돌아온다. 상사를 존중할 줄 모르고 어울리지 못하는 유연성 없는 사람으로, 부하직원을 통솔하지 못하는 부족한 사람으로 평가되어버린다. 허무맹랑한 평판에 대해 어이없어하며 분개하는 이들이 있다. 하지만 평판은 결국 내가 만드는 것이다. 조금만 각도를 달리해 다른 시각으로 보고 행동하면 좋은 평판은 절로 따라온다.

나는 스스로 욱하는 성질을 바꾸려고 많이 노력했다. 그런데 직장생활에서는 잘 참아내지만, 사생활에서는 숨기가 쉽지 않았다. 가끔 욱하는 나를 보고 어머니께서는 평소 차곡차곡 쌓은 공든 탑이 욱하는 순간 와르르 무너진다고, 공은 쌓기는 힘들지만 무너지는 건 한순간이라며 종종 꾸중하셨다.

내가 바꾸려고 아무리 노력해도 안 되는 것을 다른 사람이 바꾸는 것은 불가능한 일이다. 하지만 상황이나 여건에 따라 행동을 달리할 수는 있다.

사람은 고쳐 쓰는 거 아니라는 말이 있다. 수십 년에 거쳐 형성된 성격은 타인이 결코 바꿀 수 없다. 다만 부족한 부분은 채워주고 미흡한 부분은 도와가며, 즉 보태가며 함께 가야 한다.

직장 생활도 마찬가지다. 평소 나쁜 행동을 일삼는 마음에 안 드는 상사가 중책을 맡는 경우가 있다. 그럼 우리는 이런 상황에 "세상에 어떻게 저런 사람이 최고관리자가 될 수 있어? 이건 아무리 생각해도 있을 수 없는 일이야!" 하고 비난도 하지만 '할 수 없지 뭐'라고 포기도 한다.

기본적으로 내가 바꾸려고 해도 안 되는 것을 남이 바꾸려 한다는 것은 불가능하다고 본다. 그렇기 때문에 상대에 대한 불편함, 마음이 상하는 일들을 제거하고 더불어 가기 위해 상대의 장점을 찾으려는 노력이 필요하다.

떠오르는 영화 한 편이 있다. 내가 좋아하는 영화 다섯 손가락 안에 꼽는 〈타인의 삶〉이란 작품이다. 2006년 개봉한 독일영화로, 자기 삶을 버려서라도 지켜주고 싶었던 타인의 삶을 다루고 있다.

　1986년 동독은 10만 명의 감청요원과 20만 명에 달하는 보안요원을 두어 국가보안 차원이라는 명목하에 권력에 위협이 될 만한 인물들을 색출하여 철저히 감시하였다. 나라의 이념을 맹목적으로 고수하는 비밀경찰 비즐러가 감시하는 인물은 동독의 극작가 드라이만과 그의 연인 배우 크리스타였다. 드라이만은 본인들의 일상이 24시간 감시당하고 있다는 사실을 모른 채 살아가지만, 도청을 통해 드라이만과 크리스타의 삶을 들여다본 비즐러는 자신이 하고 있는 일의 정당성에 회의를 느끼게 되고 이제껏 느껴보지 못했던 감동과 인간애, 사랑을 느끼게 된다.

　차갑고 냉철하고 맹목적인 신념을 가지고 살았던 자신과는 달리 인간적인 모습으로 사는 그들을 보며 비즐러는 점차 변화하기 시작한다. 시간이 흐르면서 그는 자신의 삶을 온전히 내던지고 드라이만의 삶을 지켜낸다.

　5년 후 베를린 장벽이 무너지고 독일은 통일되었고 드라이먼은 작가로 일하고 있었다. 그러던 중 우연히 본인이 감시대상자로 감청되었다는 사실과 HGW XX/7라는 암호명의 요원이 자신의 범죄를 보고도 숨겨주었고 오히려 자신이 보호받았다는 걸 알게 된다. 그는 암호명 HGW XX/7의 비즐러를 찾아내지만, 먼발치에서 바라볼 뿐 그를 만나지 않고 떠난다.

　다시 2년이 흐르고 우연히 서점 앞을 지나던 비즐러는 드라이만의 새 소설 "아름다운 영혼의 소나타" 포스터를 보고 서점에 들어가 책을 펼쳐본다. 책 첫머리에 '감사한 마음을 담아 HGW XX/7에게 이 책을 바칩니다'라는 글귀가 적혀 있다.

'5년간 내 삶이었던… 타인의 삶. 난 그들의 삶을 훔쳤고 그들은 나의 인생을 바꿨다.'

영화의 메인카피다.

매우 아름다웠고, 많은 것을 생각하게 한 가슴 뭉클한 영화였다.

영화를 보고 누구나 타인의 삶을 온전히 들여다볼 순 없기에 내 방식으로 섣불리 남을 평가하는 건 위험할 수도 있다는 생각이 들었다. 내게 주어진 내 삶을 잘 살아내는 게 최선이다. 나 또한 다른 사람들에게는 타인일 테니까.

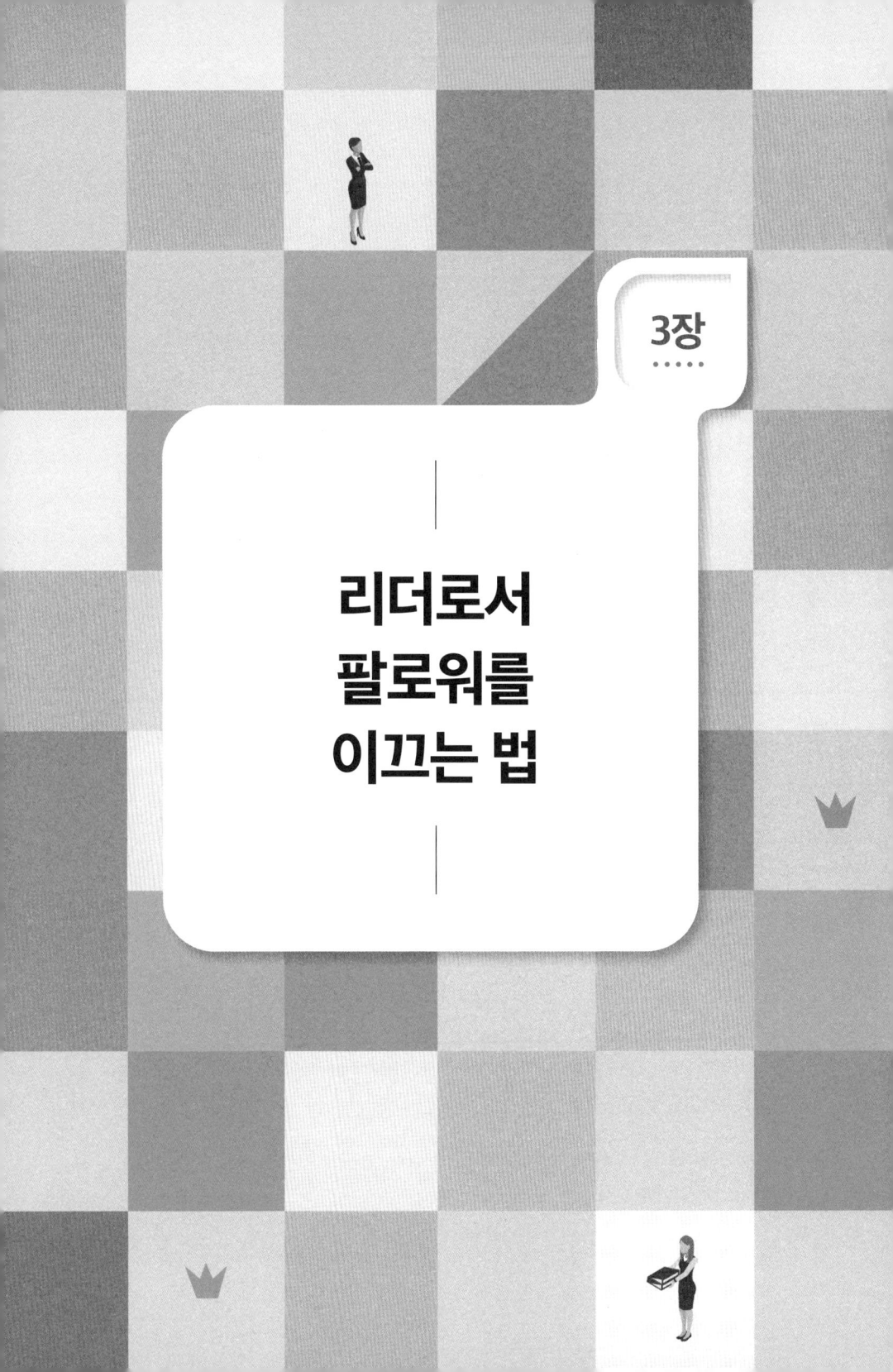

3장

리더로서 팔로워를 이끄는 법

한 사람 한 사람의
가치를 아는 사람

나는 입행 후 여러 지점(평균인원 50여 명인 10개 이상의 지점)을 거치며 500명 이상의 직원을 겪어보고 깨달은 바가 있다. 사람마다 각자가 가진 그릇의 사이즈가 다르다는 것이다. 소주잔 정도의 작은 사이즈인 사람이 있는가 하면, 막걸리 대접, 500cc맥주잔 또는 주전자 등 다양한 사이즈의 조직원이 존재한다. 칭찬은 고래도 춤추게 한다지만 아무리 칭찬과 격려를 해주어도 자신이 가진 소주잔 이상의 성과를 내기 어려운 직원이 있는 반면, 아무리 채워도 넘치지 않는 대용량 사이즈를 가진 직원도 존재한다.

이 사실을 알게 된 후부터 나는 새로운 지점에 가면 우선 직원들의 사이즈와 현재 담긴 용량을 관찰하고 체크했다. 개개인의 사이즈와 상관없이 직무가 다르다. 때로는 직무는 동일한데 급여의 차이에서 오는 상대적 빈곤감, 박탈감을 호소하기도 한다. 다시 말해 80만큼 일하고 100을 받는 직원도 있지만, 150을 일하고도 100밖에 받지 못하는 직원들도 있다. 이런 상태를 장시간 방치하면 결국 마음속 불편, 불만은 밖으로 터져 나와 팀워크가 깨지고 급기야는 함께 일할 수 없는 지경에 이르고 만다. 그렇기 때문에 빨리 직원들의 성향을 파악해야 경쟁력을 갖출 수 있다. 각기 다른 사람들의 힘을 한데 모아 한 방향으로 나아가는 것, 그것이 바로 리더의 역할이다.

관찰이 끝났다면 소주잔 정도의 직원은 양보다는 질로 승부할 수 있도록 이끌어주어야 한다. 물론 업무지식도 소홀할 수 없지만, 그 직원만이 가진 장점을 찾아내어 최대한 부각하는 전략이다. 역량이 부족하다고 무능한 사람 취급하며 질책하거나 배제하는 일은 결단코 없어야 한다. 아직 양이 충분히 채워지지 않은 직원에게는 그에 맞는 업무를 부여하고 과다업무량에 대해서는 반드시 평가에 반영하여 보상해주겠다는 이해와 설득을 구해야 한다.

각각의 가치를 알아주고 진심 어린 조언으로 이끌어주면 구성원들은 반드시 응집력을 보여준다. 그리하여 평범하기 그지없던 직원이 '핵심인력'으로 성장하는 기적을 보게 될 것이다. 나는 그 기적을 직접 경험한 적이 있다.

워킹맘에게 제일 필요한 것은 목표다

　내가 지점장으로 처음 부임했던 지점의 창구 여직원 이야기이다. 그 여직원은 당시 외국환 업무 및 예금상담 업무를 담당하고 있던 고참 행원이었다. 특유의 친화력으로 동료와 고객들에게 좋은 평가를 받고 있어 겉으론 별다른 문제가 없어 보였다. 하지만 조금 더 깊이 들여다보니 항상 주눅 들어 있었고 매사에 자신감이 없어 보였다. 워킹맘이다 보니 시간에 쫓겨 당장 닥친 일만 처리하기에도 급급해 항상 긴장된 상태였고 다소 위태로워 보였다.
　관찰을 끝낸 후 나는 그 직원을 불러 물었다.
　"직장 계속 다닐 거니?"
　"계속 다니고 싶어요."
　"책임자 승진고시도 통과하지 못한 상태고, 곧 후배가 너의 팀장이 될 텐데! 어떻게?"
　이어지는 질문에 고개를 숙이고 답을 하지 못했다.
　"직장에 계속 다니려면 목표가 있어야 해. 목표를 이루기 위해서 노력하는 사람은 항상 에너지가 넘치거든. 그런데 너는 항상 위축되어 있고 불안해 보여. 나는 업무지식만 많이 알고 고객이나 직원과 불편하게 지내는 직원보다는 업무지식은 조금 부족해도 친근감 있는 자세와 적극적인 태도로 팀워크를 만들 수 있는 직원을 더 좋아해. 넌 후자 쪽이야. 너에게는 이미 친절함과 친화력이라는 장점이 있어. 그것만으로도 넌 충분히 가능성 있는 사람이야. 가족들에게 향후 미래에 대한 계획을 이야기하고 시간을 할애받도록 설득해봐. 그 시간에 업무지식을 습득하고 책임자승진고시 공부도 해보는 게 어때? 한번 해볼래?"

그 여직원은 "네"라는 대답과 1년 안에 책임자고시를 통과해보겠다고 자신 있게 답했다. 결국, 그녀는 1년이 채 지나기 전에 승진고시에 합격해 책임자로 발령받았다. 그때의 감동은 이루 말할 수 없을 정도였다.

나는 그 여직원이 꿈을 찾고 이루기 위해 노력하는 모든 과정에 함께 했다. 그 직원의 성장을 지켜보며 나도 보람을 느꼈다. 업무 전반적인 지식을 알려주고 다양한 방법을 제시하고 팀워크를 위해 함께하는 업무에도 동참시켰다. 적정량의 과제도 잊지 않고 내주었다.

하지만 다른 직원보다 조금 늦은 만큼, 그 격차를 메우기 위해서는 고과에 반영할 실적이 필요했다. 나는 그녀에게 자신의 장점을 살려 수행할 수 있는 일을 선택할 수 있도록 해주었다. 그랬더니 그녀는 적립식 상품 우수판매자가 되어보겠다고 했다. 나는 그 여직원의 능력을 믿어 의심치 않았기에 조언과 응원을 아끼지 않았다. "그래, 넌 할 수 있어!"

6개월마다 본부장이 본부 내 300여 명의 창구 직원 중 우수자에게 포상을 내렸는데, 놀랍게도 그 여직원이 3회 연속 본부 내 적립식상품 판매 1등을 차지했다. 물론 보이지 않게 나나 팀장이 유치한 실적도 그 직원의 실적으로 올려 힘을 실어준 덕분도 있었지만 스스로 성장해가고 있었다. 그 직원은 창구서비스 평가에서도 여러 번 우수직원으로 선정되었다. 정말 놀라운 성과였다.

개인의 역량 증가로 인한 실적증대는 본인뿐 아니라 지점의 실적 증대에도 큰 기여를 했으며, 다른 직원들에게도 동기부여가 되는 결과를 가져왔다. 덕분에 우리 지점은 항상 본부 내 상위권을 유지해 우수지점이라는 평가를 받을 수 있었다. 내가 리더로 지낸 시간 중 직원들과의 마음이 가장 가깝고 가장 행복한 시절이었다.

약간의 도움만으로도 크게 자란다

또 한 명 기억나는 친구가 있다. 그 여직원은 지금도 나를 '오마니'라고 부른다. 그 친구에게 나는 또 한 명의 엄마, '직장엄마'였다. 내가 초임책임자였을 때 팀원 중의 한 명이었던 그 직원은 무뚝뚝한 표정 때문에 창구서비스 점검 때마다 늘 지적을 받았었다. 결국, 지점장이 그 직원을 후선으로 빼라고 지시했다. 창구업무가 아닌 다른 직원들의 업무를 지원하는 총무계로 발령을 내라는 것이었다.

내가 관찰한 그 직원은 업무능력이 뛰어나고 성실한 직원이었다. 단순히 무표정하다는 이유로 당사자가 원하지 않는 곳으로 발령을 내는 걸 두고 볼 수는 없었다. 나는 감히 지점장께 큰소리치고 말았다. "지점장님, 그 발령 유보해주십시오. 제가 이 직원을 3개월 안에 창구 우수직원으로 선정되도록 하겠습니다. 저를 믿고 맡겨주십시오!" 지점장은 단호한 나의 태도에 다시 한 번 기회를 주었다.

이후 내가 그 직원에게 제시한 방법은 '고객과 수다를 떨어라'였다. "고객님, 오늘 날씨가 덥네요. 날이 추워서 오시기 불편하진 않으셨어요? 식사는 하셨어요? 넥타이 컬러가 화사하네요. 따님이 사주셨나 봐요? 옷이 정말 예뻐요." 등 날씨나 그날의 사건사고, 고객의 외향을 화제로 삼아 말을 많이 하다 보면 얼굴에 표정이 생기고, 상대방의 대꾸에 웃다 보면 웃는 인상을 유지할 수 있을 거라는 생각 때문이었다.

처음엔 쑥스러워하고 어색해해서 내가 옆으로 가서 고객과 직접 대화하며 그 직원이 동참할 수 있도록 대화를 유도한 다음 자연스럽게 빠져주기도 했다. 그러기를 수차례 반복하는 동안 그 직원의 수다도 나날이 늘어갔고 자연스럽게 풍부한 표정이 생겨났다. 내 예상은 적중했고, 결과는 성공적이었다.

시간이 많이 흘러 내가 광고디자인 팀장을 맡아 프로젝트를 위한 테스크포스 팀을 구성해야 하는 상황에서 인사부서에 그 직원을 보내달라고 요청했다. 인사부서의 답은 해당 지점에서 그 직원을 못 보내준다는 것이었다. 그동안 그 직원은 본부 내에서도 서로 데려가려는 역량 있는 직원으로 성장해 있었던 것이다. 그 직원을 요청한 지 6개월이 지나서야 우리 팀에 합류해 다시 함께 일할 수 있게 되었다.

나는 그 직원에 또다시 제안했다. "공부하라고!" 단순한 스펙 쌓기가 아닌 업무와 관련된 전문적인 공부를 해서 이 분야의 전문가가 되어보라고 제안했다. 현재 그 직원은 야간대학원까지 마치고 전공분야에 맞는 본점 주요부서에서 제 몫을 톡톡히 해내며 촉망받는 인재로 평가받고 있다.

이제는 그 친구도 나이가 들었지만, 여전히 나를 부르는 호칭은 그 시절과 같다. "오마니~"라고.

직원 각자의 가치를 알아봐 주고 칭찬하는 일이 중요하지만 간과해서는 안 될 것이 있다. 잘하는 직원만 칭찬하고 편애해서는 안 된다. 칭찬은 개별적으로 불러 진하게 해주고 충분한 포상으로 격려해주되, 다른 직원들 앞에서까지 과하게 할 필요는 없다. 적당한 자극은 의욕을 고취시키지만 지나친 질투와 시샘은 팀워크를 해치기 때문이다.

리더는 모든 직원을 아울러야 한다. 나는 하루도 빠짐없이 매일 팀장들에게 직원들의 칭찬거리를 보고하게 했다. 눈에 띄는 성과뿐 아니라 작고 사소한 것도 찾아내어 반드시 칭찬해주었다. 또한, 6개월간의 정기적인 평가를 마치면 전 직원에게 각자의 노고에 대한 감사와 칭찬을 담은 편지를 쓰고 작은 선물도 건넸다. 나의 이런 작은 행동에 직원들은 그 이상의 열정과 마음으로 보답해주었다. 그들과 함께했던 시간이 많이 흘렀음에도 그들이 나를 부르는 호칭은 한결같이 '사랑하는 지점장님'이다. 그들이 보내는 문자는 늘 이렇게 시작한다. '사랑하는 지점장님, 사랑해요~ 보고 싶어요!'

나를 믿어주는 이가 있다는 것, 나를 칭찬해주고 지켜봐주는 사람이 있다는 것은 자신감을 갖게 해 200%의 역량을 발휘하게 하고 가치를 끌어올리는 힘이 되어준다. 리더가 되고 싶다면 꼭 기억해라. 예쁘지 않은 꽃은 없다!

고기를 잡아 주는 게 아니라
고기 잡는 법을 알려준다

나는 독립운동가이자 교육자인 도산 안창호 선생을 존경한다. 안창호 선생은 일찍이 교육만이 미래의 힘이라는 가치를 깨닫고 열악한 환경에서도 민족을 계몽하고 학교를 설립해 교육에 앞장섰다. 나라의 힘을 키우고 독립을 이루기 위해 개개인의 교육은 물론 나라를 위해 헌신할 수 있는 지도적 인물을 양성하고자 노력했다. 나라의 미래는 민족의 교육에 있다는 도산 안창호 선생의 말씀처럼 국가뿐 아니라 직장에서도 팀의 경쟁력을 높이기 위해서는 직원 교육이 무엇보다 중요하다고 생각한다.

지식만 가르치는 게 교육은 아니다. 그렇다면 어떻게 해야 효과적인 교육이 될 수 있을까?

'고기를 잡아 주지 말고 고기 잡는 법을 알려줘라.'

유대인들의 정신적 지주 역할을 해온 탈무드에 나오는 이야기다. 이 말은 비단 아이들 양육에만 국한되는 말이 아니다. 직장생활에서도 마찬가지다. 고기를 잡아 먹여주기만 한다면 나날이 의지력을 잃고 기대려고만 한다. 이것은 스스로 발전해나갈 기회를 빼앗는 결과를 초래한다. 결국, 고기를 잡아주는 사람에게 기대고 의지하느라 혼자서는 아무것도 할 수 없는 지경에 이르고 마는 것이다.

나는 직장생활에서 입사 후 3년을 가장 중요한 시기로 본다. 세 살 버릇 여든 간다는 속담은 직장생활에서도 적용된다. 입사 후 3년 안에 직무에 필요한 기본지식이나 직장인으로서의 가치관, 태도, 자세, 마음가짐이 생기지 않으면 그 후의 미래는 무의미하다. 이때 목표를 세우고 그 목표를 위해 무엇을 해야 할지 모르겠다면 롤모델이나 멘토를 찾는 것도 방법이 된다. 그 역할을 선배이자 상사인 우리가 해주어야 한다.

예전에는 일정 기간의 수습이라는 시간을 통해 선배의 지도하에 업무 습득 시간이 주어졌지만, IMF 금융위기를 겪으며 대대적인 인원감축으로 신입도 연습과정 없이 바로 실전에 투입되어 자신의 몫을 해야 하는 상황이 되었다. 이런 현실에서 한 사람이라도 자신의 몫을 다 해내지 못하면 목표달성이 어려울 뿐 아니라 동료 직원들에게도 악영향을 끼쳐 전체적으로 팀을 이끌어 가기가 힘들어진다.

스스로 생각해서 답을 내게 하라

새로운 지점에 부임했을 때의 일이다. 신입직원과 영업점 경력이 미비한 본점 장기근무자들이 주로 포진해 있던 터라 인적역량이 몹시 열악한 점포였다. 나는 전체 직원에게 부족한 업무지식 습득 및 마케팅 스킬에 대한 공부가 필요하다고 판단했다. 개인적으로 실무지식을 습득하라고 하면 시간도 많이 걸릴뿐더러 개인에 따라 차이가 나기 때문에 나는 모두가 함께하는 방법을 선택했다. 바로 '역할극(Role playing)'이다.

업무지식을 갖추고 업무처리 프로세스를 숙지해야 마케팅에도 자신감을 가질 수 있다. 매일 아침 40분씩 전 직원이 모여 이 역할극을 진행하기로 했다. 전일 퇴근시간에 하나의 상품을 선택하여 그 상품의 브로셔나 DM 상품설명서 등을 나누어주어 상품에 대해 충분히 인지하도록 하였다. 다음 날, 그 상품을 가지고 고객과 직원 역할을 맡은 두 사람이 실전처럼 상황극을 펼쳐 보인다. 직원과 고객 역할은 당일 제비뽑기로 결정했다.

그런데 문제가 발생했다. 쑥스러워서인지 직원들이 상황에 100% 몰입하지 못하는 것이었다. 또 같이 일하는 동료이기 때문에 고객 역할을 하는 사람은 직원이 권유하는 상품에 무조건 가입하는 것이 문제였다.

이후 방법을 달리해보기로 했다. 처음 고객이 창구에 내점하는 순간 맞이인사부터 업무처리 하는 과정, 적정상품 권유 및 설명을 실전과 똑같이 진행하되, 고객은 직원의 권유에 무조건 거절만을 하도록 했다. "글쎄요, 생각해볼게요", "오늘은 시간이 없는데요", "지금 돈이 없어요", "집사람한테 물어봐야 해요" 등 다양한 거절에 지혜롭게 응대하거나 대처하는 방법을 알 수 있도록 했다.

그 과정에서 각자 자신만의 방법으로 마케팅에 성공하는 방법을 터득하기도 했다. 두 역할자의 실전 같은 상황을 지켜보고 나머지 직원들도 응대에 대한 평가나 상품의 특징, 타 상품과의 비교 등 다양한 의견을 나누었다.

그렇게 두 달이 지난 무렵부터는 상품 가입에 성공하는 직원들이 하나둘 늘어나기 시작했고 고객들에도 좋은 평가를 받을 수 있었다. 지점 실적은 물론 사내 분위기도 한층 좋아졌다. CS(고객만족 서비스)는 본부 내 상위권을 달성했다. 6개월 정도가 지났을 때에는 직원 모두가 자신감을 되찾고 재무를 제외한 비재무 부분에서 본부 내 상위권의 성적을 달성할 수 있었다.

어느 날 본부장님이 격려차 우리 지점을 방문하셨을 때, 나는 직원들을 칭찬해주고 싶어서 직원들의 노력과 성과 그리고 6개월간 진행한 역할극에 대해 말씀드렸다. 감명을 받은 본부장님은 임원회의에서 자체적으로 직원연수를 실시하는 훌륭한 지점이 있다며 우리 지점의 사례를 소개하셨고, 며칠 뒤 영업추진을 총괄하는 영업추진부장으로부터 연락이 왔다. 한 달 후 개최되는 전국점포장회의에서 우리 지점에서 진행한 역할극에 대해 발표를 해달라는 부탁이었다.

대부분 지점이 직원 역량에 대한 불만을 가지고 있고 숙달된 경력 직원의 부재로 요구사항이 팽배한 현시점에, 영업점 자체적으로 직원 교육을 해서 역량을 키우고 영업성과도 높인 우수사례로 채택되었다는 것이었다. 그에 따라 은행장께서도 표창 및 사례 발표를 지시했다고 했다.

그러나 나는 거절했다. 700여 명이 넘는 전국점포장회의에서 우수사례라고 발표하기에는 소재나 내용이 특별할 것이 없었기 때문이다. 익히 알고 있는 것들을, 다들 충분히 할 수 있는 것을 나는 단지 행동으로 옮겼을 뿐 특별한 것은 없었다. 나는 계속되는 요청에 거듭 거절하기가 면구스러워 아이디어를 하나 제안했다.

우리가 실제로 진행하는 모습을 촬영해서 전국점포장회의 때 영상을 틀고 진행자가 설명을 보충하면 어떻겠냐고 했다. 그 제안이 받아들여져 본부 방송팀이 방문해 촬영했다. 이 영상은 한동안 자체 방송 시스템을 통해 전 영업점에서 방영되었다. 그 이후 전국 대부분 점포가 역할극을 실시해 성과를 거두었다고 한다.

지적만 해주면 직원들이 나아질 것이라고 생각하는 상사들이 있다. 상사가 흔히 하는 착각이다. 착각에 빠진 상사는 여러 번 지적을 해줬음에도 왜 저 친구는 저 모양인지, 왜 저것밖에 하지 못하는 건지 답답해한다. 강압적인 지시와 질책은 어떤 것도 개선할 수 없다. 강압적인 지시는 동기부여를 방해하는 최대의 적이다.

나는 직원들에게 상황에 대한 질문을 자주 한다. 질문은 스스로 생각하게 하는 좋은 방법이다. 고객이 원하는 것이 무엇인지, 고객들의 불만을 해소할 수 있는 좋은 아이디어는 없는지 질문하면 고객과 직접 대면하는 직원들은 내가 생각지도 못한 실질적인 대안을 내놓기도 한다. 온몸으로 문제와 맞서기 때문에 그에 맞는 해결책과 해답도 그들이 가장 잘 알 수 있기 때문이다.

21세기의 리더는 자기 말을 많이 하기보다 질문을 많이 던지는 사람이어야 한다. 과거에는 핵심정보가 상사에게 집중되었고 상사가 판단하여 지시하면 일사불란하게 실행하는 것이 미덕이었지만, 정보가 넘쳐나는 현대에는 생생한 고급정보를 부하직원들이 더 많이 알고 있는 경우도 있다.

이런 현실에서 리더는 일방적인 지시나 훈계가 아니라 직원들의 말을 충분히 경청하고 지혜로운 질문을 해야 한다. 질문은 스스로 생각하게 해서 해법을 찾게 하기 때문이다. 한마디로 물고기를 잡아주는 게 아니라 물고기 잡는 법을 알려주는 것, 더 나아가 물고기를 잡을 마음이 생기게 하는 것이 지금의 리더가 해야 할 일이다.

코치,
멘토의 역할을 수행하라

요즘처럼 세대 간 소통의 부재로 갈등이 심화되는 시대에는 경험과 지혜, 노련함을 갖춘 멘토의 필요성이 강조된다. 요즘 청년 중에는 멘토를 통해 보고 배우며 성장하려는 기특한 친구들도 많다. 나 역시 멘토를 통해 다방면에서의 성장을 이루었으며, 여전히 믿고 존경하는 멘토들이 있다.

상처 받은 마음을 헤아려주는 일

어느 날, 회식자리에서 한 남자 직원의 표정이 내내 어두워 보였다. 회식을 마무리할 때쯤 무슨 걱정이 있는지 물었다. 그 직원은 아무 말도 하지 않았고, 옆에 있던 직원이 대신 말하기를 사표를 쓸까 고민 중이라는 것이었다. 내가 부임한 지 얼마 되지 않아 그만두는 직원이 생기다니, 회식을 끝내고 그 직원만 데리고 근처 카페로 갔다.

짧은 기간이지만 묵묵히 자신의 업무를 수행해내는 성실하고 책임감 강한 직원으로 봤는데 나는 안타까운 마음에 왜 그만두려는지, 퇴사 후 다른 계획이 있는지 물었다. 그 친구의 대답은 일이 힘들어서라고 했다.

지점에 온 지 3년이 넘어가면서 경력이 쌓이다 보니 새로 들어온 신입직원 교육이나 새로운 업무가 생기면 거의 이 직원에게 돌아갔다. 그동안 과중한 업무에 시달리면서도 힘들다고 불평하지 않았고, 아니 불평을 할 수가 없었단다. 자신이 버거워 일을 떠넘기면 다른 누군가가 해야 하는데 그게 미안하기도 하고, 버거워하는 자신의 나약함을 드러내는 것도 싫어 그냥 그만두는 것으로 결론을 내렸다는 것이다. 불평 없이 맡은 바 임무를 100% 이상으로 해내다 보니 담당책임자조차도 그가 이렇게 힘들 거라고 생각하지 못했던 것이다.

나는 그 친구에게 많은 질문을 했다. 부모님은 어떤 일을 하시는지, 군경력은 어떻게 되는지 물었다. 구청공무원이신 부모님 슬하에서 자라 ROTC 중위로 제대했단다. 성실함은 부모님을 통해 자연스레 보고 배웠을 것이고, 책임감은 군대라는 조직생활 중 장교로서의 자질에서 비롯된 것이겠거니 짐작할 수 있었다.

다른 사유라면 모르겠지만, 업무량이 많고 일을 다른 이에게 넘기기 미안하다는 책임감 때문이라면 너에게 문제가 있는 게 아니라 챙기지 못했던 내게 책임이 있는 거라고 말해주었다. 그리고 알아차리지 못해서 미안하다고 했다. 이제 내용을 알았으니 다시 맘 잡고 잘 지내보라고 설득하고 헤어졌다.

다음 날 나는 전 직원에게 각자의 담당업무를 아주 구체적으로 적어내도록 했다. 각자 적어낸 전 직원의 업무를 놓고 책임자들과 함께 업무 재편성을 실시했다. 그 후, 전 직원을 불러 각자에게 재배정된 업무에 대해 설명하고 각자의 의견을 말할 수 있도록 했다. 추가적인 사항 몇 가지를 다시 정리하고 전 직원에 대한 대대적인 계 발령을 냈다.

사표를 쓰려 했던 그 직원은 미안한 마음에 더욱 열심히 업무에 임했고, 동료가 힘들어하면 도와가며 잘 지냈다. 다행히 이 일로 직원들이 서로 이해하고, 한마음으로 단합하는 계기가 되었다. 그 후 그에게는 경력관리 차원에서 기업여신을 포함한 다양한 업무를 경험하도록 하였고 향후 진로에 대해서도 조언을 아끼지 않았다.

자신의 이야기를 들어주고 이해해주고 상사, 동료가 있다는 사실이 그를 더욱 강하고 단단하게 성장시키지 않았나 생각한다. 다른 사람이 꿈을 이루고 성장하는 것을 지켜보는 일은 무엇보다도 가치 있고 보람된 일이다. 한 아이의 아빠가 된 그 직원은 누구보다도 열심히 성실하게 일하며 함께 일하는 동료와 상사로부터 매우 높은 평가를 받고 있다.

비단 가르치는 것뿐 아니라, 충분히 시간을 들여 상처받은 마음의 이야기를 들어주고 고개를 끄덕여주는 것이야말로 진정한 멘토가 해야 할 일이 아닌지 깨달을 수 있었다.

멘토가 해야 할 역할

1997년, 초임 책임자인 나는 새로운 업무를 맡았다. 지금은 거의 모든 금융기관이 별도 부서 및 별도 전문요원을 선출하여 운영하는 PB(Private Banking)영업이었다. 당시는 PB라는 말도 없던 시절이었으니 그냥 VIP고객관리쯤으로 해석되었다. 당시 지점장은 탁월한 식견과 선견지명으로 앞으로는 은행산업에도 VIP만을 위한 영업이 필요하고 또 활성화될 것으로 예측된다며, 지점 자체적으로 VIP전담 창구를 만들도록 했다. 특히 여성책임자에게는 이 분야가 확장 가능성도 넓고 잘할 수 있는 역영이라며 적극 지원해주셨다.

나는 새롭게 전담직원을 배치하고 대여금고를 사용 가능토록 하고 별도 창구를 만들었다. 고액자산가들에게 VIP전담 창구는 좋은 반응을 얻었고, 오로지 VIP들에게만 전념하자 실적 증가에도 기여할 수 있었다.

몇 년이 지나자, 모든 금융기관에서 PB영업을 본격화하고 별도의 전문인력을 선발했다. 나도 선발제도에 응시하였고, PB전담요원으로 선발되었다. 돌이켜보면 당시 지점장은 탁월한 직관력으로 향후 금융시장을 예측하고 여성이라는 장점을 살릴 수 있도록 배려했을 뿐만 아니라 직원을 성장시키는 현명한 리더이자 멘토셨다. 나는 항상 현명한 리더, 현명한 멘토로부터 능력 있는 부하직원, 멘티가 길러진다는 사실을 되새기며 후배들, 멘티들에게 그런 멘토로 기억되고자 노력해왔다.

직장생활을 하면서 사람으로 인한 불만, 업무 때문에 생기는 불평은 누구에게나 있다. 불평불만을 최소화하고 문제 해결을 위한 조언은 상대방을 정확히 이해하고 진심으로 위하는 마음이 있어야 가능한 일이다.

같은 실수를 반복하지 않도록 해주는 것, 용기를 북돋아 새롭게 도전할 수 있도록 하는 것, 다른 사람의 입장도 헤아릴 수 있게 하는 것, 나 역시 겪었고 고민하고 아파했던 시간이 있었기에 후배들에게 진심으로 얘기해줄 수 있었다.

이렇듯 내가 생각하는 멘토의 역할은 거창하고 대단한 것이 아니다. 멘토가 해줘야 할 것은 첫 번째로 '스승의 역할'이다. 지식이나 노하우를 가르치는 것에 그치는 선생이 아닌 멘티의 내재된 잠재력을 이끌어내는 참된 스승이 되어야 한다.

두 번째는 '임금님 귀는 당나귀 귀다'라고 외칠 수 있는 '대나무숲 역할'이다. 요즘처럼 각박한 세상에서 내 이야기를, 애정 어린 시선으로 바라보며 들어주는 사람이 있다는 것만으로도 우리는 충분한 위로를 받는다. 나에겐 사람을 편하게 만들어주는 특유의 커뮤니케이션 능력이 있다고들 한다. 사실 특별한 건 아니다. 상대방의 얘기를 집중해서 듣고, 고민의 원인이 무엇인지를 찾는다. 대부분 나보다 경험이 적은 이들로부터의 고민을 듣기 때문에 나의 경험을 토대로 정확히 지적하고 방향을 제시해준다.

세 번째, '중매인의 역할'이다. 업무를 떠나 멘티를 조직생활에 적극적으로 참여시키고 다른 조직원들과도 잘 어울릴 수 있도록 이어줄 수 있어야 한다. 그래서 온전히 조직에 융화되어 한 명의 조직원으로서 당당히 제 몫을 할 수 있도록 도와야 한다.

네 번째, '키다리 아저씨 역할'이다. 뒤에서 몰래 모든 것을 다 해줄 필요는 없다. 홀로 설 수 있도록 용기를 북돋아 주고 자립성을 길러줘야 한다. 앞을 가로막는 위험한 장애물만 가끔 치워줘도 멘티는 자신의 실력을 마음껏 발휘할 수 있다.

다시 말해 멘토는 정답만을 알려주는 사람이 아니다. 결국, 멘토는 나아가야 할 방향을 제시해주는 나침반 같은 존재여야 한다.

시대가 원하는
새로운 리더

　　　　　　　　　과거에 추앙받던 리더십은 유능한 리더가 독보적인 카리스마로 조직을 이끌고 리더의 일방적인 지휘에 따라 구성원들이 일사불란하게 움직여 목표를 달성하는 것이었다. 따라서 과거의 리더십은 개인의 능력으로만 치부되었다.

　그러나 20세기의 이러한 리더십은 21세기에서는 무용지물이다. 권위만을 앞세운 리더는 이제 설 자리가 없다. 다양성과 창조성이 강조되는 21세기에는 보다 새로운 리더십이 필요하다. 성과만 강요하는 리더가 아닌, 각 구성원의 능력을 높여서 모두 함께 성장하는 리더가 필요한 시점이다.

기회를 주는 리더

새로운 지점에 지점장으로 발령을 받고 가서 보니 낯익은 얼굴이 있었다. 오래전 행원 시절 함께했던 두 살 아래의 남자직원이었다. 그는 이미 지점장 발령을 받아야 하는 나이였기에 "만나자마자 헤어지겠네."라며 아쉬움을 표했다. 그런데 의외의 답이 돌아왔다. 지점장이 되려면 아직도 5년 이상은 있어야 가능할 것 같다는 것이었다. 이젠 포기상태라고도 했다. 예전에 내가 알던 그는 성실하고 일 잘하는 직원이었는데 쉽게 이해할 수 없었다.

그간의 사정을 들어보니 초임 책임자 시절 외곽점포에서 근무할 때 위 기수의 선배들이 승진을 못 하고 계속 머물러 있는 상황이라 평가를 잘 못 받았다고 했다. 3년씩이나 동일 점포에 있으면서도 선배들을 받쳐주는 역할만 했다는 것이다. 선배 세 명의 승진이 계속 늦어 차례로 승진을 시켜줘야 하니 계속 순위에서 밀렸고 결과적으로 3년을 허비한 셈이었다.

앞서 말했듯이 변방에 근무하는 직원들은 변방에서만 근무하는 경향이 크다. 따지고 보면 남 탓할 일이 아니다. 자신이 자기관리를 하지 못한 것이다. 열심히 일했다면 일한 만큼 당당히 요구해서 제대로 평가를 받아야 한다. 결국, 남 탓할 수가 없는 일인 것이다.

"알아서 해주겠지." "상사가 이미 다 알고 있을걸?" "나는 열심히 했고 늘 칭찬받았으니 평가도 잘 줄 거야."

이렇게 말할 수 있다. 미안하지만 혼자만의 착각이다.

앞으로 5년 이상을 더 기다려야 하는 상황에서 포기하려 하는 그를 다시 일으켜 세워주고 싶었다. 승진제도는 언제 어떻게 바뀔지 모르는 일이고, 조금 늦었지만 이제부터라도 속도를 내면 얼마든지 따라잡을 수 있다고 격려했다.

확실한 동기부여가 이어진 후, 나는 시간 나는 대로 그와 함께 주변 회사, 자영업 상가, 환전상 등으로 열심히 뛰어다녔다. 온전하게 한마음으로 한 방향을 향해 움직였다. 그렇게 6개월 정도가 지나자 업무추진 성과가 나타났다.

유치한 환전상의 환전실적으로 은행 전체 환전캠페인증대에서 1등을 했고, 우리 지점 환전실적으로 다른 은행에 빼앗겼던 전 금융기관 환전실적 1위의 위엄을 다시 찾았다. 실로 엄청난 성과를 이룬 셈이다. 눈에 띄는 실적을 올리니 업무추진 담당 부행장이 방문해서 칭찬과 격려는 물론 전 직원에게 한턱내기도 했다.

이제 나는 그와 함께 다닐 필요가 없었다. 그는 스스로 일을 찾아 혼자 알아서 잘 다녔다. 나의 지시나 명령도 필요 없었다. 나는 그저 지켜봐 주기만 하면 되었다.

그는 점점 더 놀라울 정도로 많은 일을 해냈다. 거래처 대표 개인대출 거액 유치 및 신규업체 발굴에 집중하다 보니 거래업체는 점점 증가하고 실적도 나날이 올라갔다. 또한, 중간책임자로서 상사와 부하직원 사이의 가교역할도 충실히 수행했다. 젊었을 때로 돌아간 듯 늘 자신감에 차 있었고 지치지도 않았다. 덕분에 지점 성과도 늘어가고 분위기는 더할 나위 없이 좋아졌다.

　나는 나대로 그 직원이 이룬 업적 하나하나를 기록하여 빠짐없이 본부장에게 보고했다. 그것이 지점장인 나의 일이었다. 반기가 끝나고 나는 그를 은행장 표창에 추천하였고, 그는 우수직원으로 3등급 표창도 받았다.

　개인고객 파트는 주로 내가 하고 기업 관련 외국환 여신은 주로 차장인 그가 하는 시스템으로 지점을 이끌어나갔다. 그렇게 3년을 같이 근무하고 드디어 그도 지점장 발령을 받았다. 5년 이상 걸릴 줄 알았는데, 특진으로 조기승진을 한 것이다. 마치 내가 승진한 것처럼, 아니 내가 승진했을 때보다 더 기쁘고 뿌듯했다.

　지점장 승진 발령을 받은 그날 밤, 그로부터 메시지가 왔다.

'지점장님, 아니 누님께 진심으로 감사드립니다. 보스가 아닌 리더로, 선배로, 때론 누나처럼 3년 동안 근무하면서 저에게 지속적으로 승진할 수 있다는 희망을 주셨기에 열심히 할 수 있었습니다. 가끔 피곤해 보이는 누님의 모습을 보며 내가 더 열심히 해야겠다는 각오도 다졌습니다. 오늘의 영광은 오로지 저를 믿어주시고 함께해주시고 부족한 부분을 채워주신 누님이 계셨기에 가능한 일이었습니다. 두고두고 잊지 않겠습니다. 반드시 보답하겠습니다. 다시 한 번 진심으로 감사드립니다. 사랑합니다.'

리더 한 사람이 조직을 이끌어가던 시대는 지났다. 이제 리더는 다소 업무능력이 떨어지는 구성원에게도 기회를 주고, 잠재능력을 끌어올려 발전시키고, 뒤떨어지는 직원은 도태시키는 것이 아니라 재기를 응원하며 함께 성장함으로써 조직의 역량을 강화해야 한다.

이런 리더가 있는 조직에서 구성원들은 지속적으로 동기를 얻으며, 자신의 무한한 잠재능력을 발전시켜 그 힘으로 조직을 계속 성장킨다. 조직을 성공시키기 위해서는 구성원의 역량을 이끌어내어 모두 함께 더불어 성장하는 즉, '상생'할 줄 아는 리더가 반드시 필요하다.

개인의 역량을
채워주는 리더

완벽한 사람은 없다. 모든 직원이 출중한 능력이 있는 것은 아니다. 하지만 조직에서 요구하는 과제, 목표를 달성하기 위해서 핵심역량은 반드시 필요하고, 핵심역량을 키우기 위해서는 각자 개인의 노력도 필요하다. 물론 조직에서는 체계적인 단계별 교육을 통해 조직원 개인의 역량을 업그레이드하려는 노력을 지속적으로 하고 있다. 그러나 이 역시도 통상적인 수준에서의 일방적인 학습으로 이루어지기 때문에 개인 각자에게 맞추기에는 한계가 있다.

흘려버리기도 하고 흡수하여 자신의 것으로 받아들이는 능력은 개인의 성향에 따라 다르다. 여기서 강조하고 싶은 것은 개개인의 역량, 개인의 성향은 누구보다 함께 근무하는 상사가 가장 잘 알고 있다는 것이다.

조직은 다소 부족한 개개인의 역량을 찾아내서 맞춤별로 키워내기에는 많은 시간과 에너지가 필요하므로 각자 알아서 노력하라고 강요하고 요구하기만 한다. 그렇기 때문에 리더의 역할이 무엇보다 중요하다.

부족한 부분을 채워주는 리더

한 직원은 직장생활 중 권태기를 겪고 있던 시기에 나를 만났단다. 그는 시간이 좀 지나 자연스럽게 자신의 이야기를 털어놓았다. 전에 함께 근무한 상사에 대한 배신감으로 조직에 대한 염증이 생겼고, 그 때문에 승진이 늦어져 자신감이 바닥까지 떨어졌고 직장생활이 즐겁지 않게 됐다고 했다. 이 직원뿐 아니라, 여러 직원들에 비슷한 이야기를 종종 들었다. 자신은 충분히 자신의 역할을 해냈고 누구보다 열심히 했는데 공을 가로채여서 좋은 평가를 받지 못해 승진이 늦어지고 실망과 좌절로 의욕이 없어졌다는 이야기 말이다.

내가 지켜본 그 직원은 창구업무 경력도 많고 업무지식도 풍부하여 업무처리 능력이 뛰어났다. 그러나 그의 말과는 달리 내 눈에 보인 그가 승진이 늦은 연유는 달랐다. 자신에게 주어진 일은 완벽하게 해내지만, 어떤 점에서 선을 긋고 있었다. 고참으로서 다른 이보다도 많은 일을 처리할 수 있는 능력이 있음에도 자신에게 주어진 업무영역의 선을 넘질 않다 보니 팀워크를 통해 과제를 수행해야 하는 조직문화에서는 좋은 평가를 받기 어려웠던 것이다.

나는 그에게 내가 보고 느낀 그대로를 이야기해주었다. 덧붙여 승진이 늦은 탓은 다른 누구도 아닌 본인에게 있었고, 그 점만 보완하면 훌륭한 팀장이 될 수 있는 자질이 있다고도 말해주었다. 그는 몰랐다고 했다. 자신이 그런 문제점이 있었고 그런 점이 조직에 어떻게 보였는지, 그것이 평가에 어떤 악영향을 끼쳤는지 비로소 알게 되어 마음이 편해졌다고 했다.

이후 나는 그에게 개선할 수 있는 방향으로 많은 과제를 내주었다. 미션을 주고 수행해보도록 하고 업무지식이 높은 부분을 활용해 신입직원 멘토 역할을 하도록 했다. 매일 한 시간씩 신입직원을 가르치도록 했고 신입직원이 업무를 모르면 멘토에게 책임을 묻겠다고 했다.

나의 진심이 전달되었는지 다행히 그는 열심히 따라와 주었다. 문제가 되었던 부분들이 사라지고 아주 긍정적인 자세로 변해갔다. 잘 따라와 줘서 고맙고 대견했다. 요즘도 가끔 그에게 질문이 온다. 이제 그는 직장선배로서, 인생선배로서 내가 줄 수 있는 모든 것을 아낌없이 주고 싶은 후배가 되었다.

이렇듯 직원의 문제점을 지적해주고 부족한 부분을 채워줄 수 있는 리더는 개인의 역량을 증대시키고 무한한 에너지를 발산하게 한다.

그러기 위해서는 무엇보다 상대방에 대한 관심과 정확한 관찰력이 필요하다. 나는 상대의 특이사항이나 장점, 개선해야 할 사항 등을 평소에 메모해두는 편이다. 달리 보면 무서운 사람으로, 철저한 사람으로 비칠 수 있지만, 이 자료들은 쌓여서 고과평가 시에 객관적이고 정확한 평가를 해줄 수 있게 할 뿐더러 평소 업무와 관련해서도 유용하게 활용하는 자료가 된다.

행동으로 리더가 먼저 솔선수범하여 보여준다

모든 걸 다 잘하는 사람은 없다. 어느 조직이나 다양한 구성원이 존재한다. 나 역시 수없이 많은 시행착오를 겪으며 성장했다. 따라서 직원들의 단점을 생각하기보다는 장점을 활용하여 각자가 잘할 수 있는 업무를 부여하면 훨씬 능률도 오르고 효과적이다. 이때 무엇보다 중요한 것은 개개인의 성향을 파악하고 그에게 필요한 것을 채워주는 것이다. 상대방에 대한 평가가 질타나 지적으로 보이면 큰 효과를 기대하기 어렵다. 따라서 평소에 리더가 먼저 행동으로 솔선수범하는 자세를 보여야 한다. 모범을 보이고 감동을 주는 행동이 없다면 지적이 듣기 싫은 잔소리로만 여겨질 수 있기 때문이다.

채움을 위한 조언은 상대방을 진심으로 위하는 마음에서 전달되어야 한다. 진심을 동반한 조언이 아니면 상대로부터 감흥을 불러일으킬 수 없다. 진정으로 메시지가 전달되기 바란다면 말이 아닌 행동으로 보여주어야 한다.

'아이는 어른의 등을 보고 자란다'는 말이 있다. 아이들은 어른들의 행동을 보고 배우기 때문에 행동거지를 조심해서 해야 한다는 뜻이다. 예부터 위대한 리더들은 말로 가르치기보다는 먼저 솔선수범했다. 인도의 아버지로 불리며 존경받는 성인인 마하트마 간디가 대표적인 예다.

한 어머니가 어린 아들과 먼 길을 걸어 간디를 찾아왔다. 아들이 설탕을 무척 좋아해서 걱정스럽다며 설탕이 몸에 좋지 않다고 말해달라고 했다. 엄마의 말은 듣지 않지만 존경하는 간디 선생님이 얘기해주면 들을 거라면서 간절히 부탁했다.

어린 소년을 바라보던 간디는 보름 후에 다시 오라고 했다. 어머니는 먼 길을 걸어왔는데 그냥 한마디만 해주십사 거듭 간청했다. 아무리 간청해도 더는 말이 없자 어머니는 서운해하며 돌아갔다. 보름 뒤에 모자는 다시 찾아왔다. 간디는 그제야 어린 소년에게 설탕은 몸에 좋지 않으니 많이 먹지 말라고 했다.

소년은 간디의 말에 이제 설탕을 먹지 않겠다고 약속했고 어머니는 고마운 한편 보름 전에 해도 될 말을 왜 이제야 해주는지 이해가 되지 않아 물었다. 그러자 간디가 "보름 전에는 저도 설탕을 무척 좋아해서 자주 먹었기 때문에 아이에게 설탕을 먹지 말라고 말하기 전에 제가 먼저 설탕을 끊어야 했습니다."라고 말했다. 말과 행동이 조화를 이루고 솔선수범해야 한다는 간디의 가치관을 잘 보여주는 일화이다.

나에겐 고객이나 동료, 나를 거친 모두가 선생님이었다. '저렇게 하면 안 되는 거구나', '저런 상황도 발생하는구나', '저런 점은 나도 닮아야겠구나' 하고 경험을 통해 느끼고 터득한 것이 고스란히 나의 재산, 경쟁력이 되었다.

- 어떤 어려운 상황도 두려워하지 않는 대범함
- 어떠한 문제도 잘 해결해낼 수 있는 자신감
- 어려운 시간은 반드시 지나간다는 긍정적인 마인드
- 상대방의 성향에 따른 소통 방법
- 상대방의 능력에 따른 업무 지시 스킬

다양한 측면에서 다양한 방법으로 직원들에게 늘 당당하고 자신감 있는 리더이자 적극적으로 행동하는 리더의 모습을 보이려고 노력했다. 불안해하며 고민만 하고 결단력, 추진력도 없는 상사의 조언이나 격려가 과연 직원들에게 좋은 영향을 끼칠 수 있을까? 닮고 싶고 배우고 싶고 먼저 행동할 줄 아는, 늘 열정적인 리더에게서 나오는 진심 어린 조언만이 그들에게 닿는 법이다.

뒤돌아서면 고마운
선배가 되어라

어느 날 고객의 날 서린 고함이 지점장인 내 방까지 들려왔다.

"유언장은 이렇게 작성되어 있는데 왜 안 된다는 거야?"

"고객님 말씀은 알겠는데 죄송하지만 규정상 처리해드릴 수가 없습니다."

"그럼 나보고 어떻게 하라는 거야?"

"아드님이 오셔야만 해드릴 수 있습니다."

"우리 아들이 연락이 안 된다니까!"

"그럼 불가능합니다. 죄송합니다."

밖에서 들리는 어르신과 PB팀장의 대화가 내내 신경 쓰였지만 나 역시 고객과 상담 중이었기에 대화에 끼어들 수가 없었다. 서둘러 상담을 끝내고 밖으로 나와 보니 고객은 이미 가고 없었다. 편치 않은 마음으로 돌아가셨을 고객의 마음이 보였다.

나는 팀장을 불러 다짜고짜 물었다.

"○○팀장은 PB 왜 해?"

PB(Private Banking 거액예금 고객을 상대로 차별화된 서비스를 제공하기 위해 역량 있는 직원을 뽑아 일정 교육 후 VIP 고객 대상의 업무를 담당하는 전문가)란 차별화된 서비스를 제공하겠다고 선발해서 뽑은 전문인력인데, 창구에 있는 일반 직원과 똑같이 "규정에 어긋나서 안 됩니다"라고 응대하면 무엇이 차별화된 서비스란 말인가?

창구의 행원은 규정에 입각하여 업무를 처리해야 하는 게 맞지만, 책임자라면 특히 PB라면 절대 "NO"라고 말해선 안 된다는 게 평소 나의 생각이었다. 일반창구에서와 똑같다면 전담하는 전문인력이 왜 필요하단 말인가. 적어도 전문인력이라면, 관리자라면 "NO"라고 말하기 전에 "YES"가 되기 위한 방법을 제시하고 가능성을 타진해야 한다. 규정상 "NO", 제시서류가 없어서 "NO", 직접 오시지 않아서 "NO"가 아니라 ○○만 되면 "YES", ○○만 보완하면 "YES", ○○가 오시면 "YES"인 방법을 제시하고 찾아야 한다.

언성을 높였던 고객은 미국에서 오신 할머니였다. 남편이 돌아가시고 한국에 있는 예금을 해지하러 오셨는데, 지참하시고 온 서류는 미국 병원에서 발급한 사망진단서와 남편의 유언장뿐이었다. 하지만 한국 법상으로는 금융기관에 예치된 예금을 인출하려면 상속인 전원의 동의서가 있어야만 가능하다. 상속인은 할머니와 아들인데 아들이 오래 전에 집을 나가 연락두절인 상태여서 찾을 방법이 없다는 것이었다.

　그 팀장은 법규상 아들이 오지 않으면 안 된다고 말씀드렸던 것이고, 할머니는 미국법에는 유원장이 우선이니 유언장 내용(모든 재산은 부인에게 상속한다)대로 지급해달라는 것이었다.

　PB라면 이 경우 자녀의 실종신고를 먼저 해서 부재자 처리를 한 다음 행정적으로 종료된 후 예금지급 신청을 할 방법, 예금을 법원에 공탁하여 일정기간 종료 후 법원의 결정에 따라 지급 가능한 방법 등을 제시하여 충분한 설명을 통해 고객을 설득시키고 만족시켜야 한다. "YES"가 되기 위해 고객이 해야 하는 다른 절차에 대해 함께 고민하고 대안을 찾아가는 행위가 빠졌다는 것이다.

　나는 단호하게 말했다. 이번뿐 아니라 그동안 지켜본 바로는 PB자격이 안 되는 것 같으니 PB를 그만두고 일반업무 담당으로 보직 변경을 고민해보라고 했다. 날카로운 꾸지람에 팀장은 하염없이 눈물을 쏟아냈다. 그 모습을 보고 있자니 덩달아 내 마음도 편치 않았.

　고객응대를 잘 못해서 혼내는 것보다 현재 하고 있는 일이 적성에 맞지 않다는 얘길 하는 것이고, 힘든 얘기지만 진심으로 하는 조언이라는 걸 조근조근 설명해주었다. 더 늦기 전에 본인에게 맞는 업무를 찾으라는 것이었다.

　PB는 고객의 집사가 되겠다는 마음가짐과 나에게 찾아온 이를 모두 만족시키겠다는 각오 없이는 할 수 없는 일이다. 기본자세가 안 되어 있는 상태에서는 차별화된 서비스로 고객을 만족시킬 수가 없으며 본인도 성취감을 느낄 수 없다. 그렇게 되면 일도 즐겁지 않고 결국 오래가지 못한다는 이야기도 해주었다.

나는 항상 직원들에게 말해왔다. 우리의 급여가 높은 이유는 감정노동에 대한 대가를 받는 것이기 때문에 고객의 입장을 충분히 들어주고 그들의 입장에서 문제를 해결하려는 노력을 기울여야 한다고.

다음 날 책상 위에 편지 한 장이 놓여 있었다. 충분히, 뼈저리게 깨달았고 달라지겠다고 했다. 나는 일단 지켜보기로 했다.

얼마 후 법원으로부터 소장이 접수되었다. 고객이 은행을 상대로 예금해지 소송을 제기한 것이다. 고객의 입장에서 충분한 설명이 부족했으니 당연한 결과였다. 이후 충분히 설명드리고 가능한 방법도 제시했지만, 그분은 국내 변호사를 선임하여 법적으로 진행하시겠다는 의지를 꺾지 않으셨다. 고객이나 은행 모두 겪지 않아도 될 불편한 일이 생긴 것이다. 사실 이 사안은 내규가 우선이기 때문에 소송 대상도 아니었지만, 소장이 접수된 이상 본부 법규팀을 통하여 소송에 응해야 했고 1년 정도 지난 후 종결되었다.

"매번 이런 말 식상하겠지만 함께해서 기쁘고 어제보다 오늘 더, 매일매일 조금씩 성숙해지고 나아지는 모습 보일 수 있도록 노력하겠습니다."

"항상 도와주시고 감싸주시고 이해해주셔서 감사합니다."

함께 일하는 동안 그 팀장에게서 여러 장의 카드를 받았다. 이후 더 단단해진 그 팀장과는 3년이라는 시간을 함께 보내며 나날이 성장하는 모습을 지켜볼 수 있었다.

고객관리 차원에서뿐만 아니라 직원에게도 정확하게 지적하고, 지적에서 그치는 게 아니라 고객을 위한, 우리를 위한 대안과 방법에 대해 진심으로 고민하는 시간이 반드시 필요하다. 당시에는 날카로운 일침에 아팠겠지만 아픈 만큼 성숙해지는 법이다.

생각나는 리더가 되면 행복하다

어느 날 출근해보니 내 책상 위에 우편물이 하나 놓여 있었다. 카키색의 작은 핀 하나와 편지였다. 전에 같이 근무했던 직원이 직접 사서 보낸 것이었다.

'지나다 우연히 카키색 핀을 보고 지점장님 생각이 나서 샀어요. 잘 어울리실 거 같아서요.'

내가 가장 좋아하는 컬러가 카키색 계열이다. 그러다 보니 평소 착용하는 의류, 액세서리 중 카키색이 압도적으로 많은 편이다. 선물보다도 나의 취향, 내가 좋아하는 컬러를 기억해줬다는 사실이 날 행복하게 했다.

무엇인가에 연상되어 생각난다는 것은 진심과 믿음, 공감대가 형성되지 않으면 일어날 수 없는 일이다. 그 사람이 어떤 음식을 좋아하는지, 그 사람이 어떤 일에 행복해하는지, 즐거워하는지, 기본적으로 그 사람에게 관심과 사랑이 없으면 불가능한 일이다. 함께한 시간, 함께 나누었던 마음, 함께 느꼈던 공감대, 진심, 진정성, 관심, 사랑, 이해도가 없다면 느끼지 못하는 것이다. 가까운 곳에서 서로 소통하고 마음을 나누지 않으면 감지하기 어려운 것들이다.

가끔 휴대폰으로 기프티콘이 날라온다. '날이 너무 좋아요', '비가 내려요', '첫눈이 와요', '커피 마시다 문득 생각이 나서요' 하는 메시지와 함께 내가 즐겨 마시는 아메리카노 한 잔이 배달된다. 그것은 단순히 커피 한 잔이 아니라 그들의 마음이고 사랑이다.

사회생활을 하다 보면 주변의 지인, 상사, 부하직원들에게 작은 물건 하나로 큰마음을 표현할 때도 있다. 아주 작은 것일지라도 마음이 모이면 소통이 시작되고 공감대가 형성된다. 공동체로 묶이기도 하고 업무와 연결하면 시너지를 낼 수 있는 동력이 되기도 한다.

전달하는 내용의 크고 작음은 중요하지 않다. 평소 관찰하여 알게 된 그의 취향을 반영하여 소소하게 마음을 전달하면 형식적으로 행해지는 것과는 다른 결과를 여실히 느낄 수 있다.

어떤 것을 보면 생각나고, 어딜 가면 떠오르는 사람. 지금 곁에 있든, 없든 누군가에게 생각나는 사람이 된다는 것은 결코 쉬운 일이 아니다. 특히 각박할 수밖에 없는 조직생활에서는 더욱 그러하다.

사람은 결코 혼자 살 수 없다. 그런데 요즘 '혼술', '혼밥'이라는 신조

어가 생길 만큼 혼자 하는, 나 홀로 문화가 확산되고 있다. 이런 사회 현상을 반영한 혼술, 혼밥을 즐기기 좋은 맛집들이 우후죽순 늘고 있다. 혼자 밥 먹고, 혼자 술 마시고, 혼자 여행하고, 혼자 하는 것이 점점 확대되어 시대의 트렌드가 되고 있는 것이다.

또 다른 트렌드로 SNS(Social Network Services)가 있다. SNS를 통해 소통하고, 집단 공동체 사회에서 개인주의 사회로 변화는 시기다. 따라서 타인에 관한 관심도 점점 줄어들고 나에 관한 관심도 부담스러워 한다. 혼자서도 얼마든지 시간을 보내고 즐기면서 살아갈 수 있는 시대가 된 것이다.

시대가 변하고 트렌드가 바뀌면서 다양한 것들이 변화한다. 나 역시 혼자 영화 보고, 혼자 차 마시고, 혼자 쇼핑하는 걸 좋아하고 즐기는 편이다. 하지만 직장생활 속에서의 나는, 공동체 안에서의 나는 혼자서는 살 수가 없다. 직장생활 성공의 90%는 인간관계, 사람과의 소통에 달려 있다고 하지 않은가.

여전히 직장생활에서는 함께여야 한다. 함께함에 있어, 소통함에 있어 필요로 하는 것 중 하나가 상대에 관한 관심의 표명이다. 무심히 지나친 그의 말에서, 무심히 지나친 그의 작은 행동에서, 무심히 지나친 그의 옷차림에서 소통의 소재를 찾고 진심을 담아 표현하라. 한결같은 진심은 상대방을 행복하게도 하지만 나를 더 행복하게 하는 일이기도 하다.

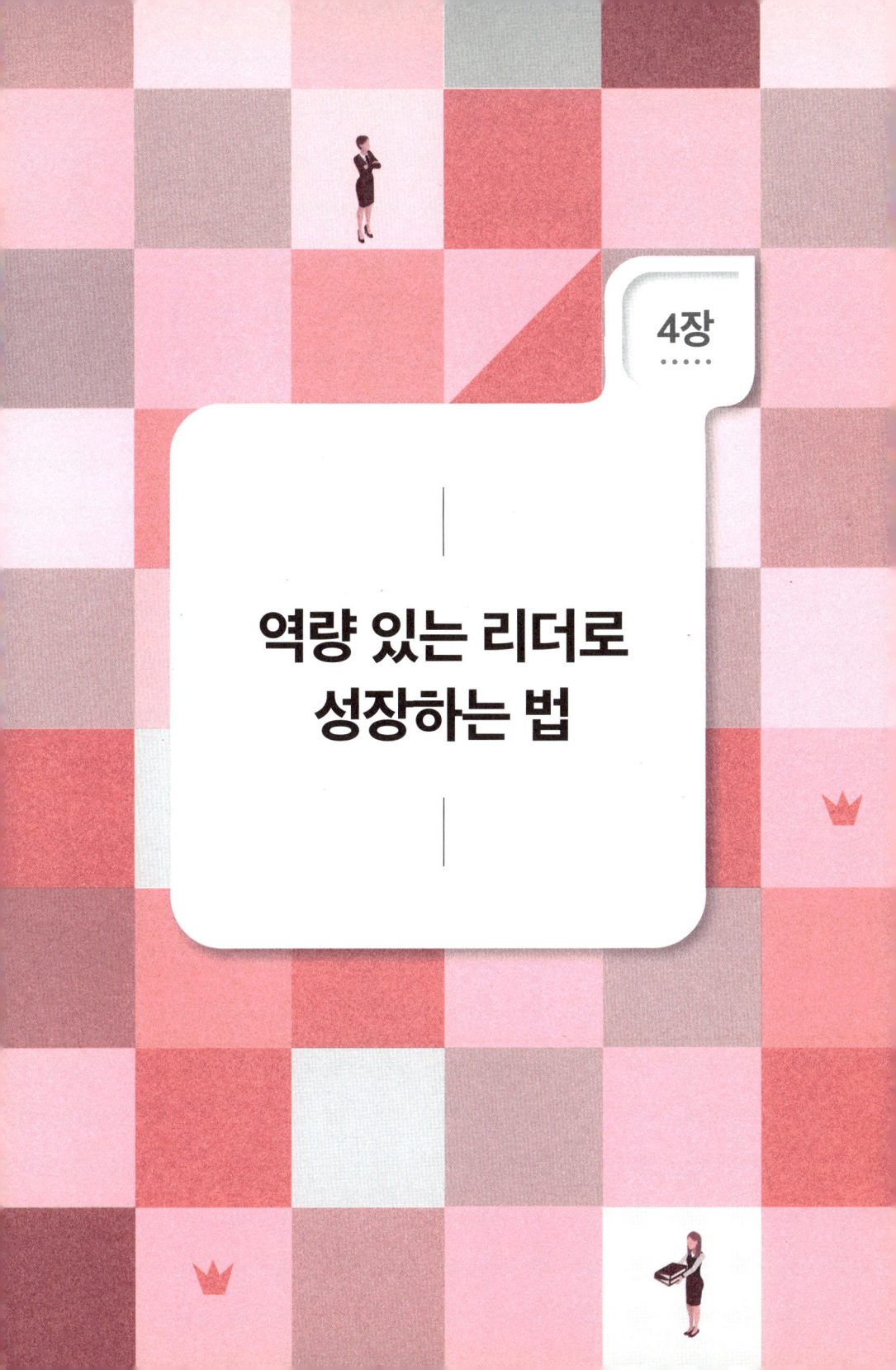

리더에게
원칙이 필요한 이유

나다운 내가 되기 위해서는 오랜 시간에 걸쳐 지켜온 원칙이 필요하다. '역시 너답다'라는 이야기를 듣기 위해서는 업무나 일상생활에서도 나름의 원칙을 정해서 지켜나가는 노력이 있어야 한다. 그것이 성공에 이르는 구체적 행동원칙이며, 통솔할 수 있는 리더의 자질이다.

  내가 정한 기본원칙에는 일에 필요한 '업무원칙'과 일상생활에서 가능한 '행동원칙', 두 종류가 있다. 우선 업무적으로나 조직원으로서 반드시 지켜야 하는 원칙에는 '청렴, 윤리경영, 정도경영, 공과 사 구분하기' 등이 있다. 개인적으로 지키고자 하는 나만의 행동원칙에는 '사심 버리기, 나눔과 배려를 습관처럼 행하기, 칭찬은 아끼지 않기, 후배들을 리더로 만드는 리더 되기'가 있다.

이런 원칙과 기본가치를 지키기 위해서 가장 먼저 할 일은 '욕심을 버리는 것'이다. 개인의 욕심을 채우고자 할 때 다양한 곳, 다양한 것으로부터의 유혹과 위험에 노출된다. 사심을 버리는 연습을 해라. 욕심이 없다는 것은 자칫 의욕이 없다는 것으로 해석될 수도 있지만 사심과 의욕은 엄밀히 다르다.

원칙이 없으면 미래도 없다

영업을 하다 보면 목표달성을 위해 제시되는 다양한 유혹에 노출되는 경우가 많다. 차장 시절 지점장에게 거래 제안이 들어왔다. 오랜 시간 동안 관행화된 주식납입대행 업무였다.

'주식납입대행'이란 법인설립이나 유상증자 시 자본금납입의 충실을 위해 금융기관에 자금을 예치한 후 주금납입증명서를 발급받아 법인설립 신청을 하고 설립 허가가 끝난 뒤 반환하는 제도이다. 최근에는 자본금 액수가 자유로워 자본금 없이도 법인 설립이 가능하지만, 당시만 해도 최소 5천만 원에서 1억 이상의 자본금이 필요했다. 이때 자금이 없는 이들에게 고금리를 받고 돈을 입금해줬다가 법인설립이 끝나면 다시 되돌려받는 식으로 2~3일간 긴급자금을 운용하는 명동의 사채업이 성행하기도 했다. 이들은 이 업무를 리스크 없이 원활하게 하려면 지정은행이 필요했고 그 대가로 수억의 운영자금을 예치해주겠다고 유혹했다.

은행 입장에서는 설립 법인대표가 직접 은행에 내점해서 업무가 이루어지기 때문에 실무적으로나 실명제에서는 전혀 문제가 되지 않지만, 늘 오는 사채업자가 자금을 소지하고 동행하기 때문에 자금의 원천은 누구인지 알 수 있다. 책임자 3인을 불러 지점장이 의견을 물었다. 실무책임자인 나는 정상적인 거래가 아닌 일명 '가장 납입'이므로 할 수 없는, 해서 안 되는 일이라고 딱 잘라 거절했다.

나는 늘 직원들에게 '은행원은 일반인이 아니다. 군인처럼 특수한 직업을 가진 사람이라는 의식이 있어야 한다'고 말해왔다. 은행원이기 때문에 은행원의 시각을 가져야 하고, 매사에 더 주의해서 살피고 일을 처리해야 한다는 뜻이다. 은행원이 일을 잘못 처리하면 한 사람의 재산뿐 아니라 조직에 큰 손해를 끼칠 수 있다. 그래서 늘 정신을 바짝 차리고 일해야 한다.

이 사례도 마찬가지였다. 단순한 규정준수 여부를 떠나 그 과정의 내용을 알 거나 알 수 있었다면 그 거래는 응해서는 안 되는 것이었다.

6개월 뒤, 내가 다른 점포로 발령이 나자 책임자가 바뀐 걸 안 그들이 다시 지점장을 찾아가 거래를 제안했고, 실적이 필요했던 지점장은 그들의 제안을 받아들여 1년 정도 그 업무를 처리했다고 들었다. 처음엔 1일 10건 정도 되던 것이 20~30건씩 이어지다 보니 지점 성적은 쑥쑥 올라가 늘 상위권을 유지했지만 역시 불법으로 행해진 영광은 오래가지 못했다.

2002년 검찰이 적발한 1조3000억 원대 작전세력에 연계된 주금납입거래가 적발돼 타 은행 두 개 점포가 타깃이 되면서 전 금융기관 전수검사가 이루어졌고, 우리 은행도 해당 점포가 감사를 받았다. 그리고 사회질서에 반하는 행위였다는 이유로 지점장은 면직 처리되었다. 가장 거래 건수가 많았던 타 은행은 담당자 면직은 물론 임원들에게 주의적 경고와 기관 경고까지 내려졌고, 금융기관 전체 총 18명에 대하여 면직 또는 견책 등의 중징계 조치가 취해졌다. 단기업적주의가 사건의 원인으로 지적되었던 큰 사건이었다.

　업무적으로나 일상생활에서 요구되는 기본원칙을 잊고 행한 행동이나 실적은 일시적인 성과나 칭찬은 받을 수 있지만, 결국 발목을 붙잡는 족쇄가 되고 만다.

기본에 충실히 원칙을 지킨 결과

　철저하게 기본에 충실하여 사고를 예방한 사례는 또 있다. 감사부 시절 담당 점포 중 한 곳이었는데, 임점감사 시 최악의 평가를 받은 점포였다. 지적사항이 기록된 노트가 한 권이 넘어갈 정도로 엄청난 양이었다. 정말 엉망진창이었다.

　이틀간 감사하고 마지막 날 지적사항에 대해 강평을 하는데 당시 지점장은 부끄러워 얼굴을 들 수가 없다고 했다. 그 점포는 지점장 부임

후 뛰어난 영업력을 발휘하여 업무량이 폭주하였고, 눈앞에 닥친 일만 처리하다 보니 규정을 무시하고 생략하기 일쑤였다. 그 탓에 직원 서랍에 대출 취급 시 받은 인지대가 그대로 방치되고, 지점 전체 보유 시재도 상이했다. 각종 업무 처리 오류 건이 다수, 수출입 업무 절차 오류, 여신 취급 절차 위규 등 내부관리가 정말 형편없는 수준이었다. 그럼에도 오로지 성과를 위한 성장에만 주력하다 보니 경영평가에서는 1위를 하고 있었다.

검사역이 감사 종료 후 지적사항을 보고서로 작성하고 점수를 책정해서 영업점 앞으로 통보하면 이 점수가 경영평가에서 감점으로 처리된다. 대부분의 점포 평균 감점 점수는 5~7점 정도로 최하위 점포도 20점을 넘지 않았었다.

하지만 나는 과감히 최저점수한도인 40점 감점을 부여했다. 너무도 안일한 지점 경영, 실적우선주의로 직원들의 윤리경영 마인드가 정말 형편없는 수준이라 판단했기 때문이다.

최저점수한도는 있었지만 실제로 40점을 받은 점포는 지금껏 한 곳도 없었던 터라 감사부장이 나를 불러 정말 이 점수가 맞는지 재차 물어보셨다. 이 점수로 감점되면 지점순위가 2~3단계는 족히 내려가 경영평가에서 1위는 할 수가 없는 상황이었다.

나는 아무 말 없이 감사 내용을 기재한 노트를 보여드렸다. 노트를 본 후 감사부장도 내가 평가한 점수를 납득하셨지만 나를 향한 걱정을 감추지 못하셨다. 나는 당분간 밤길 조심하겠다는 농담으로 감사부장의 걱정을 덜어드렸다.

일주일 정도 지났을 무렵 그 점포 책임자에게 다급히 전화가 걸려왔다. 지점에 사고가 생겼다고 했다. 무려 50억 원의 위조수표 사고였다. 가슴이 철렁 내려앉았다. 내용인즉 점심시간에 내점한 한 고객이 50억 당행 타점발행 자기앞 수표를 제시하고 통장에 입금을 요청했는데(같은 은행 자기앞수표는 바로 통장에 입금 처리되고 현금으로 인출도 가능하다.) 수표를 받은 창구직원이 전산상으로는 문제가 없었으나 왠지 수표의 재질이 좀 다르다고 느껴 담당책임자에게 얘기했고, 직원이 시간을 끌며 응대하는 동안 담당책임자는 다른 곳으로 이동하여 수표발행지점에 전화를 걸어 수표의 사고신고 및 이상 여부를 확인했다는 것이다.

그러나 수표발행지점에서 사고신고 기록도 없고 이상이 없다는 답을 받아 통장에 현금 50억 원을 입금해주었단다. 통장에 입금 후 고객은 인출 없이 바로 은행을 나갔다. 그럼에도 의심을 지울 수 없었던 직원은 수표를 카피하여 수표발행지점에 팩스로 보내 수표의 진위를 다시 확인 요청하였다.

팩스를 받아 본 발행지점에서 곧 연락이 왔다. 허위, 위조수표 같다고 했다. 규정상 부정액(10, 50, 100만 원은 정액권이라 하고 이외의 금액으로 발행되는 수표를 지칭) 수표 발행 시에는 금액 뒷면에 담당자가 확인 도장을 찍어야 하고, 금액 앞머리에는 책임자 확인 도장을 찍어야 한다. 종종 도장을 안 찍고 교부하는 책임자들도 있지만 자기네 책임자는 꼼꼼해서 반드시 도장을 찍는데 도장이 없고, 수표의 재질이 이상하다고 재차 문의하였기에 수표를 발행한 고객에게 전화해서 수표 소지여부를 묻자 본인이 보관하고 있다는 것이었다.

사실을 확인하자마자 통장에 입금된 금액에 대하여 바로 지급정지를 걸었다. 불과 몇 분 사이에 벌어진 일이었다. 다행히 통장에 입금된 50억은 인출이 되지 않은 상태였다.

바로 경찰에 신고했고 얼마 후 잡힌 범인의 진술에 의하면 몇 명이 사기를 계획하고 투자제안을 받는 것처럼 꾸민 후 실제 자금이 있는지 여부를 확인해야 한다며 몇 사람에게 수표를 받아 카피해서 실제와 똑같이 위조수표를 만들었다고 했다.

발행지점과 거리가 멀고 붐비는 외곽지역을 선정하여 50억 지급을 요청하였던 것이고, 무사히 통장에 입금된 걸 확인하자 의심을 피하기 위해 그 영업점에서는 인출하지 않고 다른 지점에서 인출하기 위해 가는 사이 두 지점의 공조로 지급정지를 하여 인출을 막을 수 있었던 것이다. 정말 아찔한 순간이 아닐 수 없었다.

오후에 지점이 제출한 사고 발견 경위서 내용 중, 빡센 감사를 받은지 1주일밖에 되지 않아 전 직원이 바짝 긴장한 상태였기에 의심이 가능했다며, 불과 몇 분 사이에 천당과 지옥을 다녀온 느낌이라는 글귀가 있었다. 담당 검사역으로서 내 어깨도 한껏 올라갔다.

만약 50억 원이 인출되었다면 어떻게 되었을지 생각만으로도 끔찍한 초대형 사고였다. 담당자를 비롯해 책임자, 지점장까지 변상은 물론이고 과중한 징계를 받았을 것이다. 하지만 두 점포 모두에게 사고예방 차원에서 표창을 하였고, 사고예방평가 가점을 주는 제도에 맞춰 최고점수 20점을 가점해주었다. 기본에 충실해 원칙을 지킨 결과였다.

경영자적 사고로
일하는 사람

　　　　　　　　　　　　　은행에도 명문대학을 졸업하고 많은 공부를 하고 여러 자격증을 가진 일명, 스펙 좋은 직원들이 많다. 그러나 그들 모두가 반드시 좋은 보직에 오르고 좋은 평가를 받는 것은 아니다. 그렇다면 근면성실한 사람이 성공하느냐, 그도 아니다. 그러면 매일같이 야근하면서 죽어라 일하는 사람이? 물론 아니다.
　우리는 직장생활 중에 무수히 많은 과제와 목표를 끊임없이 요구받는다.

"어휴, 이걸 왜 내가 다 해야 해? 정말 지겹다, 지겨워."
"어떻게 해야 최소한의 손실로 최대의 성과를 낼 수 있을까?"

이 두 사람의 업무 수행 과정 및 결과는 판이하게 다르게 나타난다.

전자의 경우 자신이 그 일을 해야 하는 이유도 모르기 때문에 어찌해도 100의 결과를 낼 수 없다. 접근 자체가 다른 후자는 일의 취지를 이해하므로 업무처리 프로세스에서도 접근방법이 다르고 그렇기에 결과도 당연히 잘 나올 것이다. 결국, 후자는 100이상의 결과로 좋은 평가를, 전자는 반대의 평가를 받게 되는 것이다.

일을 마친 후에도 전자는 자괴감만이, 후자는 기분 좋은 성취감에 몸도 마음도 지치지 않는 법이다. "내가 대표라면, 내 사업이라면, 내가 시행하는 정책이라면…." 접근방법이 다르면 과정은 물론이고 결과도 달라진다. 이렇듯 경영자적 마인드를 가지고 주체적으로 움직이느냐 그렇지 않느냐에 따라 리더가 되기도 하고 끌려가는 사람으로 남기도 한다.

주체적인 사람은 모든 것의 주체가 '내'가 된다. 그렇기에 주체적인 사람은 잘못도 나에게서 찾고 인정하며 스스로 책임지고 해결해나간다. 이와 반대로 비주체적인 사람은 잘못의 원인을 남에게서 찾고 왜 이 일을 해야 하는지도 모른 채 미루고 피하기 일쑤다.

요즘은 대부분 기업은 경영자적 사고를 요구한다. 절차는 간소하게, 최소한의 비용으로 최대한의 효과를, 창의적인 아이디어로 수익의 극대화를. 수없이 많은 'what'을 'how to'로 바꿔 생각해보자. 의무감에 습관적으로 하는 것이 아니라 주체가 되어 모든 업무의 프로세스를 정리하고 생산성을 높여야 한다. 요령 있게 일하면서 수고와 노동의 강도도 내가 조절하는 것이다.

여기서 주의할 점은 경영자적 사고를 정치적으로 이용하거나 해석해서는 안 된다는 것이다. 그저 상사에게 잘 보이기 위해, 자신의 공과를 높이기 위해, 직원들에게 무리한 요구를 하는 등 사심을 채우기 위한 수단으로 이용해서는 안 된다.

연봉만큼 일하고 있는가?

행원 시절 나는 일반 은행업무보다는 주로 총무업무를 담당했다. 지점장 비서를 겸하는 총무이다 보니 은행에서 일어나는 각종 업무 및 행사, 기타 모든 방면에서 일반 행원이 아닌 지점장이나 책임자의 생각에 가까웠다. 그 습관이 책임자가 되기도 전부터 일반 행원들과는 생각이 조금 달랐던 이유이다. 나는 이것을 '경영자적 사고'라 말하고, 이러한 경영자적 사고는 관리자가 되었을 때 반드시 필요한 자세라고 생각한다. 불평불만을 쏟아내는 직원들이 허다했지만 나는 새로운 상품이 출시될 때도, 행사를 기획할 때도 경영자적 사고로 임했다. 문제를 받아들이는 마음과 자세가 달랐던 것이다.

경영자적 사고가 몸에 밴 사람들은 어떤 곳에서 어떤 일을 하든 좋은 결과를 이끌어낼 수 있다. 맡은 일의 취지를 알면 불평불만이 줄어들거나 사라지기 때문에 팀원들을 설득하고 공감대를 형성하여 성과를 내는데도 훨씬 자유로울 수 있다.

나는 매사에 투덜대는 직원이나 고객에게 성의 없이 답하는 직원을 보면 바로 불러서 물었다.

"○○야, 지금 월급이 얼마지? 연봉 얼마 받아?"

답하는 직원에게 다시 묻는다.

"중소기업 임원의 연봉이 어느 정돈지 아니? 그럼 다른 직장에 다니는 네 친구들의 평균 급여가 얼마일까?"

이런 질문을 했던 이유는 불평불만이 많은 직원은 과분한 급여에도 감사할 줄 모르기 때문이다. 일반적으로 은행은 다른 기업에 비해 급여가 높은 편이다. 나는 그 차이가 감정노동의 대가라고 생각한다.

변호사, 세무사, 회계사 등은 상담 시마다 상담료를 받는다. 대부분 선진국의 금융기관에서도 상담에는 별도의 상담료를 받는다. 나는 우리나라 은행의 경우 고객에게 상담료를 받는 대신 일정 부분 급여에 포함되어 있다고 생각한다. 요즘 우스갯소리로 월급 도둑이니 월급 루팡이니 하는 말들을 한다고 한다.

내 상식으로는 월급 루팡이란 결코 용납할 수 없는 일이다. 세상에 공짜는 없다. 많이 받으면 당연히 받는 만큼의 일을 해야 한다. 비록 근로자이지만 생각도 근로자, 노동자 수준에 머물러 있으면 일에 관해서나 급여에 대해 불평불만이 많을 수밖에 없다. 하지만 경영자적 마인드를 장착하고 적극적으로 업무에 임하면 일에 대한 성취감도 높을 뿐 아니라 내 급여에 대해서도 감사하는 마음이 절로 생긴다.

경영자적 사고가 경쟁력이다

이제 산업 전반적인 분야에서 인공지능의 시대가 도래했다. 오래전 영화에서 보던 인공지능이 총괄하는 기계가 지배하는 세상은 더 이상 먼 미래의 허무맹랑한 이야기가 아니다. 이미 일상은 IOT(Internet Of Things)로 움직이고, 자동차는 사람이 아닌 자동주행 시스템으로 운전한다. 이런 추세로 보자면 곧 꽉 막힌 도로가 아닌 하늘을 나는 자동차도 불가능한 일은 아닐 것이다. 아주 먼 얘기라고 생각했던 영화의 한 장면들이 우리 눈앞에 지금 펼쳐지고 있는 것이다.

향후 20년 안에 직업의 50% 이상이 사라지고, 그 사라진 직업은 로봇으로 대체된다는 기사를 심심치 않게 접한다. 점점 우리의 일자리는 없어지고 줄어든다는 것이다. 지금은 유망 직종일지라도 앞으로는 어떻게 될지 모른다.

이렇듯 빠르게 변화하고 있는 세상에서 새로운 상황을 직시하지 못하고 적응하지 못하면 결국에는 설 곳마저 잃게 된다. 경쟁사회에서 살아남기 위해서는 남들과 달라야 한다. 생각부터 달라져야 한다. 다시 말해 경영자적 사고를 장착해라.

빌 게이츠나 스티브 잡스는 열심히 공부하지도 않았고 대학도 중퇴했지만 그래픽 유저 인터페이스를 개발하였고 애플을 세계적 기업으로 성장시켰다. 이 두 사람이야말로 창의성을 토대로 경영자적 사고를 탑재한 대표적 인물들이다.

적어도 장급이 되고 싶다면, 관리자, 리더가 되고 싶다면 경영자적 사고가 반드시 필요하다. 경영자적 사고로 일하는 사람이야말로 인정받고 성공한 리더로 기억될 것이기 때문이다.

책임감이 없다면
일하지 마라

천주교 미사의식 중에 지난 한 주를 반성하며 "내 탓이요 내 탓이요 내 큰 탓이로소이다"라는 구절이 있다. 나도 문제가 있을 때마다 내 안에서 잘못을 찾으려고 늘 노력하지만, 아무리 그러려 해도 무척 받아들이기 힘든 시기가 있었다.

그때 내 책상 컴퓨터, 전화기, 필기대 위에 나만 알아볼 수 있도록 적어놓은 문구가 있었다. "아~ 네!" 시선이 닿는 곳곳에 "아~ 네!"가 적힌 포스트잇이 붙여져 있었다.

"아~ 네~ 당신은 그렇게 생각하시는군요."
"아~ 네~ 당신은 내가 이런 걸 해주길 원하시는군요."
"아~ 네~ 당신 말이 전적으로 옳다는 거군요."

다행히 효과는 있었다. 분노나 서운함의 강도가 다소 낮아지고, 점점 마음을 내려놓을 수 있게 되었다. 업무적이든 고객 관련이든 내 탓이요, 무조건 다 내 탓으로 여기며 기꺼이 상대를 이해하고 받아들이려 무던히 노력했다.

리더라면 사심을 버려라

감사부 시절, 여신 부실 징계 관련 당사자들의 경위서는 참 많은 걸 느끼게 해주었다. 은행에서 취급한 여신이 장기연체나 부실로 분류되어 원금을 받을 수 없게 되면 취급당사자들에게 취급경위서를 받는다. 업무처리 절차상 위규여부와 사후관리 책임 등을 담당책임자 및 지점장에게 확인하고 절차상 문제나 위규가 있다면 징계 여부 및 징계 수위를 결정한다. 지금 소개하는 사례 두 가지를 살펴보자.

사례 1

: **담당책임자가 쓴 경위서** :

업체 섭외 과정에서부터 여신 취급 경위, 사후관리까지 전반적인 과정에서의 업무 규정 준수 여부, 전결권 준수 여부, 고객 사후관리 기록에 관해 기술하고 부실이 발생한 것에 대한 유감 및 반성, 선처를 구한다.

: **지점장 경위서** :

본인은 전결권자로서 결제만 했을 뿐 실무자 선에서 모든 게 이루어졌기 때문에 내용을 잘 알지 못한다. 온전히 책임자가 섭외해온 업체이고 전반적인 사항 모두 책임자가 처리하였다. 그 과정에서 무리가 있었나 보다. 하지만 나는 몰랐다.

사례 2

: **담당책임자가 쓴 경위서** :

첫 번째 사례와 대부분 비슷함. 사실에 입각한 실무적인 내용에 충실한 답변서.

: **지점장 경위서** :

업무 처리 내용에 이어 모든 책임은 지점장인 내가 지겠다. 그동안 조직으로부터 많은 혜택을 받았기에 조직에 감사하고 충분하다. 지점장의 업무는 업무 전반이다. 또한, 여신의 최종 결정권자는 본인이었고 문제가 된다면 모든 일에 관한 책임 또한 내가 지는 것이 맞다. 다만 직원들은 선처해달라.

평소 두 지점장의 가치관과 평판이 고스란히 드러난 경위서였다. 그렇다면 과연 결과는 어땠을까?

영업점에서 영업하다 보면 원칙대로 처리하기 어려운 상황이 발생하기도 한다. 규정을 위반하는 것은 아니지만 약간의 편법으로 어쩔 수 없이 해야 하는 일이 있을 때는 직원에게 확신을 주어야 한다. 실제 문제가 발행하면 모든 책임은 관리자인 내가 진다는 확신을 평소에 행동으로 충분히 보여주어야 한다. 이 원칙은 직장생활 하는 내내 굳건히 지켜온 나의 신념이기도 하다.

모든 책임을 내가 지고 가겠다는 굳은 결의의 경위서를 써보진 않았지만 나도 그런 상황이 오면 책임을 지는, 책임을 질 줄 아는 사람이 되고 싶었다. 나는 만일 내 전결이 아닌 일이라도 별도의 공란을 만들어서라도 서명을 해줌으로써 이 건의 최종 책임은 내가 지겠다고 하는 강한 인상을 심어주었다.

리더가 사심을 채우려 한다거나 리스크를 지려고 하지 않으면 불평불만이 생기기 마련이다. 팀원들 사이에 불평불만이 싹트면 팀워크가 깨지고 그 팀의 리더는 힘을 잃는다. 그것은 그 팀의 희망을 꺾어버리는 일이기도 하다.

광고디자인 팀장으로 있을 때, CI개편 프로젝트 완료 후 은행장님으로부터 특별 포상금이 지급됐다. 이례적인 일이었다. 팀원은 모두 10명이었지만 TFT 멤버 중 직접 관련자는 나를 포함한 네 명뿐이었고, 그 네 명에게만 각각 5백만 원씩 총 2천만 원이 지급되었다. 나는 각자 급여계좌로 입금된 포상금을 다시 반납하도록 했다.

수령하는 사람에 따라 각자 떼는 세금이 달랐기에 세금을 공제한 금액을 제외하고 모두가 반납하였다. 그 금액을 합산하여 다시 10으로 나눠 우리 팀 열 명 전원에게 똑같이 나누어주었다. 비록 그 업무만 전담하며 새벽까지 휴일도 없이 근무한 직원도 있었지만, 열 명이 한 팀이고 나머지 팀원들도 음으로 양으로 지원을 아끼지 않았기에 함께 나누어야 한다는 내 판단이 옳았다고 생각한다.

다행히 처음 포상금을 지급받았던 TFT멤버들은 불평하지 않고 나눌 수 있음에 기뻐했다. 우리만 받았다면 두고두고 미안했을 것이라고 했다. 기꺼이 나누고 베풀어준 멤버 세 명에게는 근무우수직원 표창을 수여하고 고과평가 시 평가에 반영해주었다.

자기 자신만을 위해서 사는 삶은 너무도 쉽다. 나만을 생각하고 나만을 위해 이기적으로 살면 되기 때문이다. 하지만 그 인생이 어떤 의미가 있을까?

다른 사람에게 내 것을 양보하고 내가 희생하여 남을 살리는 삶은 힘들지만 분명 보람 있는 인생이다.

빠른 의사결정의
비밀

 많은 사람이 나를 보며 어떻게 그렇게 결정을 빨리 내릴 수 있는지 궁금해한다. 직장생활을 하면서 이렇게 빠르고, 그러면서도 올바른 결정을 내려주는 상사는 처음이라고 놀라워하는 책임자에게 나의 대답은 이랬다. "사심이 없으면 돼."

 빠른 결정은 경험이 많다는 것과도 일맥상통한다. 다양한 경험과 사례를 통해 결과와 과정이 예측 가능하므로 결정도 빠르게 내릴 수 있다. 의사결정능력이 떨어지는 가장 큰 이유 중 하나는 업무를 잘 모르기 때문이다. 업무지식이 뒷받침되면 더 빠른 판단을 할 수 있고 오류의 범위를 줄일 수 있다.

 그리고 행동이 느린 사람은 결정을 내릴 때에도 갈팡질팡하느라 결정도 느려질 수밖에 없다. 일명 '결정장애'가 있다면 결정하기도 어려울 뿐 아니라 구체적 해결방안도 제시하지 못한다. 실패에 대한 두려움, 책임소재에 대한 부담감을 가지고 있으면 올바른 방향성을 제시할 수 없다. 이런 상황이 지속되면 더욱더 결정을 못 하게 된다. 결정을 하기 위해 고민한다는 것은 성과를 내 공으로 돌리고 싶고, 자신이 이익을 취하고 싶고, 책임소재에 대한 확신이 없다는 것이다.

업무에 집중하여 성과를 내고 생산성을 높이기 위해서는 무엇보다 빠른 결정과 올바른 방향성 제시가 필요하다. 여기에 하나 더 덧붙이면 상대방의 말을 경청하는 습관도 중요하다. 남이 말할 때 내가 얘기할 것을 생각한다든지, 집중해서 듣지 않으면 일의 취지나 과정에 대한 이해도가 떨어져 빠른 판단을 할 수가 없다. 상대방의 말을 경청하면 과제의 취지, 방향, 목표를 정확히 파악할 수 있어 결정도 빨라질 수 있다.

업무에 대한 정확한 이해와 경험이 우선이다

내가 지점장으로 있던 지점에 신입직원이 발령되었다. 출납·입지급으로 계 발령을 냈다. 이 신입직원은 발령이 마음에 들지 않았는지 어느 날 내 방으로 찾아왔다. 자기는 이런 일을 하려고 은행에 입사한 게 아니란다. 자동화기기 관리나 단순 창구업무는 싫다고 했다. 대체 무슨 일이 하고 싶은 건지 내가 물었다. 그랬더니 기업 관련 수출입이

나 외국환 업무를 하고 싶단다. 즉, 난도가 높은 업무, 다시 말해 폼 나는 일을 하고 싶다는 뜻이었다.

나는 당돌한 신입이 귀여워서 웃음이 터졌다. 나름 SKY대 출신으로 100대1의 경쟁을 뚫고 첫 출근에 성공한 열혈 신입에게 은행의 기본 업무에 대해 천천히 알려주었다. 고객의 예탁금을 받아 일정 부분의 지급준비율은 남기고 자금이 필요한 법인 및 개인에게 대출을 해주는 과정에서 수익을 창출하는 것이 은행업무의 기본 중 기본인데 기본도 안 해보고 어떻게 다음 업무를 할 것이며 그럼 그 기본 업무는 도대체 누가 해야 하는 거냐고.

일에는 순서와 단계가 있는 법이다. 기본을 충실히 마스터하고 충분한 경험을 쌓아야 단단해진다. 멀리 보면 기본을 다지는 데 걸리는 6개월에서 1년은 아주 짧은 시간이다. 시간이 흘러 어떤 일을 기획하거나 추진하려고 할 때 그 기본의 시간을 경험하지 않은 사람과 경험한 사람은 다를 수밖에 없다. 또한, 기본 업무는 신입 때가 아니면 하기 힘든 일임을 알려주고 집에 가서 잘 생각해보고 그래도 수출입 담당을 하고 싶다면 발령을 내주겠다고 약속했다.

다음 날 총무 책임자가 들어와 전날 그 신입직원을 불러서 엄청나게 혼내주었다며 요즘 아이들 정말 못 말린다며 혀를 찼다. 조금 있다 신입이 들어와 기본부터 배우겠다며 죄송하다고 했다.

6개월이 지난 후 나는 경력관리를 위해 신입이 원하던 곳으로 발령을 내주었다. 그는 처음부터 기업을 담당한 동기들은 기본 업무를 몰라 허구한 날 야근으로 힘들어하는데 자신은 기본을 다진 덕에 훨씬 수월하다고 내게 감사를 전해왔다.

많은 직장인이 성급하게 지름길로 가려고 한다. 빠른 의사결정과 정확한 판단력으로 올바른 방향성을 제시하고 싶다면 나는 기본부터 시작하라고 권한다. 기본부터 시작하면 다양한 업무 경험이 쌓여서 빠른 판단으로 올바른 방향을 제시하는 성숙한 리더가 될 수 있다.

대부분 직장인은 익숙한 업무를 지속적으로 하기를 원한다. 익숙한 것은 편하고 쉽기 때문이다. 그러나 다양한 업무를 두려워하고 꺼리면 다양한 경험치도 쌓을 수 없다. 기회가 없다고 말하는 직장인들도 있다. 기회는 스스로 만드는 것이다. 우리의 열혈 신입처럼 일단 지르고 보는 것이다.

"YES"가 되기 위해 필요한 것

정확하고 빠른 판단은 연습과 노력이 필요하다. 먼저 그림을 크게 그려보자. 과제나 문제에 대하여 전체적인 업무처리 프로세스를 그려보는 것이다. 그 과정에 챙겨야 할 것이 무엇인지, 사전에 해야 할 것과 과정 중에 해야 할 것들을 체크하고, 전체적인 과정을 예측하고 진단이 끝났으면 일단 해보아야 한다. 하면서 정리되는 것도 있다. 자신의 선택을 믿어라. 큰 그림에서 판단하고 진행하면 실패 확률도 낮다.

어느 날 고객과 상담 중에 지인이 거액대출을 타행에서 진행한다는 정보를 듣게 되었다. 바로 다음 날 소개해주신 분을 통해 사전약속을 하고 회사를 방문했다. 대출건은 토지매입대금 000억 원, 세 곳의 타 은행에서 진행 중이었다. 3주째 검토 중이지만 금액이 크다 보니 세 곳 중 어느 곳에서도 승인이 나지 않은 상태였다.

나는 우리에게도 기회를 달라고 요청했다. 기다림에 지친 고객에게는 시간이 관건이라고 생각한 나는 승인 여부를 3일 안에 알려드리겠다고 약속했다. 그리고 관련 자료를 전부 받아왔다. 쉽지 않은 건이었기에 담당 본부장께 지원을 요청하여 대출심사 자료를 만들고, 다음 날 심사부서를 찾아가 대출건에 대해 설명하고 3일 안에 답을 줘야 한다고 재촉했다.

담당 심사역은 어처구니없어했지만 나는 무조건 빠른 결정을 부탁하고 돌아왔다. 오후에 심사역으로부터 연락이 왔다. 대출금액, 자금용도, 채무상환능력, 사업성 등 체크해야 할 사항이 너무 많아 시간이 더 필요하다고 했다. 이미 심사 중인 업무도 많아 매일 야근을 하는 중이라 도저히 3일 안에 답을 줄 수 없다고 했다. 책임자를 통해 야식을 전달하고 심사역이 심사하는 동안 우리도 퇴근하지 않고 대기하고 있을 터이니 궁금한 점이 있으면 언제든지 연락 달라고 은근한 압력을 넣었다.

다소 무리한 요구에 심사역은 매일 10시 이후 퇴근했고, 우리도 지점에서 대기하며 심사역 질문사항에 바로바로 답해주었고 추가적으로 필요한 정보는 고객에게 확인 후 바로 알려주는 순발력을 발휘하여 심사를 도왔다.

놀라운 일이 벌어졌다. 3일 안에 가능성에 대한 답을 받았고, 5일째 되는 날 심사소위원회 승인까지 받은 것이다. 그사이 본부장의 아낌없는 지원도 한몫했다. 결국, 우리가 거액의 여신을 취급하게 되었다.

모든 고객은 빠른 결정을 원한다. 거절해야 할 때는 더욱 빠른 결정이 필요하다. 결정을 못 내리고 시간만 끌다 "NO"를 하게 되면 기다림의 시간으로 높아진 기대치만큼 실망도 크기 때문에 이후 고객과의 관계도 'NO'가 된다.

애매한 상황이라면 "NO"라고 말하기보다는 "YES"가 되기 위해 필요한 것을 끊임없이 요구해야 한다. 그러면 설령 결과가 NO일지라도 고객들은 고마워한다. 'YES'로 이끌기 위해 노력한 마음이 충분히 전달되었기 때문이다.

중간관리자가 되었음에도 결정을 못 하는 직원들은 업무경력이 다소 제한적인 경우가 많다. 특히 여성의 경우 예금 업무에만 집중되는 경우가 많기 때문에 여신 관련 업무나 다른 업무에 있어서 결정장애를 겪는 모습을 자주 보게 된다.

내 경우 총무업무를 비롯하여 예금은 물론 외국환, 수출입, 항공권 배포(BSP, 국제항공운송협회에서 시행하는 항공여객판매대금 정산제도), 노동조합 홍보부장, PB, 감사부 검사역, 광고홍보 등 다양한 업무를 경험했던 것이 관리자가 되었을 때 많은 도움이 되었다.

빠른 판단력은 풍부한 지식과 경험을 바탕으로 한 직관에서 나오기도 하고, 가끔은 백지상태의 순수한 감각에서 나오기도 한다. 창업을 준비하는 사람은 순수한 감각에서 나오는, 오로지 감각에 의한 판단이 시작할 힘이 되기도 한다. 하지만 조직의 리더는 풍부한 경험을 바탕으로 빠르고 바른 결정을 내리는 사람이어야 한다.

판을 읽을 줄 아는
능력을 키워라

판을 읽을 줄 알아야 한다.

판을 읽는 연습을 하라.

나무를 보지 말고 숲을 보라.

행간을 읽어라.

한동안 상사로부터 자주 들었던 주문이었다. 공문이 접수되면, 과제가 내려오면 제목만 보고 전체를 판단하지 말라고 늘 강조했었다. 동일한 과제와 동일한 여건에서도 성과를 내는 사람과 성과를 내지 못하는 사람으로 뚜렷하게 결과가 나뉜다. 그 과제의 본질을 정확하게 꿰뚫어볼 수 있느냐 없느냐, 즉 판을 읽느냐와 그렇지 못하느냐에 따라 결과가 판이하게 달라지는 것이다. 사람이든, 일이든 겉으로 보이는 게 다가 아니기 때문이다.

어떤 일이든 왜 해야 하는지 행사의 취지를 파악하고 행동해야지 훨씬 효과적으로 업무를 수행하고 또 성과도 낼 수 있다. 기획자의 취지와 의도를 파악하고 행동에 옮기면 100을 하고도 150, 200이상의 효과를 볼 수 있지만, 문장 그대로 이행하다 보면 50밖에 못하거나 똑같이 100을 했어도 50의 평가도 못 받는 결과를 가져오기도 한다.

'순발력', '직관력', '촉'이라 하는 판을 볼 줄 아는 능력은 기본적으로 타고난 성격이나 성향에서 나오기도 하지만 개인의 풍부한 경험에서 비롯되기도, 부단한 연습을 통한 노력에 따라 길러지기도 한다.

직장 내에서 상사나 동료와 격의 없는 대화와 질문을 통해 판을 읽고 숨은 뜻까지도 읽는 방법을 배우고 터득할 수 있다.

"주어진 과제를 달성하기 위한 최선의 방법은 무엇인가?"
"과제는 언제까지 완료해야 효과적일까?"
"과제를 달성하기 위한 시간과 노력의 비중은 얼마로 책정할까?"
"이 과제가 다른 항목, 다른 과제에는 어떠한 영향을 미칠까?"
"과제를 완수했을 때 단기적, 장기적으로 어떤 이득과 손해가 있을까?"
"어떻게 상대를 설득해야 할까?

이 일을 반드시 해야 하는 이유는 무엇인지에 대한 근본적이고 구체적인 질문을 던지고 또 답을 할 줄 알아야 한다. 판을 제대로 읽기 위해서는 사안에 대한 충분한 고민의 시간과 혜안이 필요하다.

일에도 우선순위가 있다

　일의 순서를 결정하는 것 또한 매우 중요한 일이다. 당장 처리해야 할 긴급한 일인지, 잠시 미루어도 되는 일인지 판단할 수 있어야 한다. 한정된 시간 안에 많은 일을 처리해야 하는 환경에서는 주어진 시간 내에 효율적으로 처리하는 것이 무엇보다 중요하기 때문이다.
　과제는 무엇인지, 어떤 일을 먼저 처리하는 것이 효율적인지 일의 우선순위를 정하는 것이 첫 번째로 할 일이다.
　나의 평소 메모장을 작성한다. 메모장에 지금 하고 있는 일, 해야 하는 일 전부를 적는다. 그중 우선순위를 정하고 그에 따라 일을 처리하고 마무리된 일은 제거하면서 새로운 일이 발생하면 다시 우선순위를 정하고 그 순위에 따라 일을 처리했다. 일이 추가되었을 때 바로바로 메모해두면 바쁘다는 이유로 누락시킬 위험도 없고, 일의 중요도에 따라 차례대로 해결할 수 있다.
　나는 직원들에게도 일상적인 일을 제외한 업무 리스트를 작성하도록 지시했다. 새로운 일을 지시할 때는 일의 급한 정도도 같이 알려주었다. 이런 과정을 거치면 조직의 분위기, 과제의 순서, 목표량 달성시간 등 다양한 것들이 예측 가능하고 문제를 해결하는 데 도움이 된다.

작은 것에 집착하지 말고 시야를 넓혀 큰 틀을 보자. 나만 생각하지 말고 주변 사람, 주변 상황에도 관심을 가져야 한다. 제목보다 행간의 숨은 의미를 읽어내야 한다. 이는 반드시 반복적인 연습을 통해 습관으로 만들어야 한다. 결코 쉽지 않은 일이지만 반드시 필요한 일임을 잊지 말자.

경청의 달인이
되어라

'대화'는 사람과 주고받는 말로, '소통'이라고도 하며 사람과의 관계에서 반드시 필요한 것이다. 대화를 할 때, 가장 중요한 것이 바로 '경청'이다. 경청(기울어질 경傾, 들을 청聽)은 말을 듣기만 하는 것이 아니라 마음을 기울여 내면에 깔린 의미를 알고 듣다는 뜻이다.

경청하지 않으면 잘못된 해석하여 오해하거나 큰 착각에 빠지기도 한다. 따라서 다른 이의 말을 경청하여 공감하고, 이해와 논리를 통해 설득하는 것이 중요하다.

나는 당연히 지원만 하면 붙을 줄 알았던 PB면접에서 떨어진 적이 있다. '내가 왜?' 스스로 자격이 충분하다고 여겼기에 납득이 되지 않았고 믿기 어려웠다. 도대체 내가 왜 떨어졌는지 궁금했다. 인사부서에 아는 책임자를 통해 임원면접에서의 탈락사유를 들을 수 있었다.

PB는 누구보다 고객의 의견을 들어주고 수용해서 그에 맞는 맞춤서비스를 제공해야 하는데 그런 면에서 나는 너무 자신감 넘치고 당당해 보여서 고객의 이야기를 잘 들어주지 않을 것 같다는 것이었다. 지나친 자신감이 마이너스 요인이었다.

사실 나를 정말 잘 아는 사람들은 나를 보고 천상 여자라고 한다. 겉으로는 늘 당당하고 자신감 넘쳐 보이지만, 실상은 마음도 여리고 남에게 싫은 소리도 잘 못하는 성격이다. 오랜 시간 직장에서 '여성'이라는 이유로, '싱글'이라는 이유로 쉽게 보이기 싫어서 나를 포장하다 보니 처음 보는 이들에게는 너무 강하게만 보였나 보다.

이후에는 그런 이미지를 지우려 더 열심히 경청하는 습관을 들였다. 그리고 경청이 왜 필요한지 절실히 깨닫게 되면서는 노력하지 않아도 경청하는 습관이 배게 되었다.

흔히들 직장생활 성공의 절반은 말귀를 알아듣는 능력에 달렸다고 한다. 말귀를 잘 알아듣기 위해서는 남의 말을 경청할 줄 알아야 한다. 그저 단순히 듣는 수준이 아니라 집중하고 마음을 기울여 들어야 한다는 것이다. 하지만 대부분 대화할 때 상대의 말을 경청하기보다는 내가 말할 차례가 되었을 때 할 말을 생각하고 준비한다. 결국, 다른 사람의 말은 건성으로 흘려버리고 마는 것이다. 상대방의 말을 듣는다는 것, 특히 집중해서 듣는 것은 사실 무척 어려운 일이다.

그렇다면 경청만 하면 되느냐? 아니다. 또 필요한 것이 질문이다. 대화는 기본적으로 주고받는 것인데, 질문 없이 서로 자기 할 말만 하면 소통이 되질 않는다. 질문을 통해 상대방의 생각이나 의도를 보다 정확하게 파악할 수 있다. 질문이 일방적인 의사소통으로 발생하는 문제점들을 해결할 수 있다. 질문과 경청을 통해 상대방이 원하는 바를 정확히 알아내고, 그에 맞는 대답을 할 수 있어야 원활한 대화가 되는 것이다.

어떤 과제나 해결해야 할 사안이 있을 경우 경청과 질문을 활용해보자. 먼저 직원들에게 새로운 과제에 대한 의견을 내도록 하여 그들의 이야기를 충분히 들어본다. 불만의 소리, 부정적인 의견, 다양한 이야기를 들으면서 왜 그렇게 생각하는지 궁금해지고 질문거리도 생길 것이다. 질문과 답을 해야 하는 입장을 서로 바꿔보면 스스로 해답을 찾기도 하고 마음이 열리며 공감대가 형성된다.

또한, 질문을 통해 나의 의견을 전달하고, 설득과 소통이 이뤄지고, 공동의 목표가 정해지면 그 목표를 위해 한 방향으로 나아갈 수 있게 된다. 그래서 충분한 경청 후에는 질문하는 과정이 반드시 필요하다.

성급하게 결론을 내고 독단적으로 판단 내려 "그럼 하지 말자는 거네?", "목표달성 하기 싫다는 거지?", "그래서 같이 안 한다고?" 이런 부정적인 질문, 추궁하는 질문은 지양하자. "어떻게 하면 쉽게 할 수 있을까?", "이렇게 해보는 건 어때?", "자, 그럼 이제 우리 해볼까?" 같은 긍정의 질문, 용기를 줄 수 있는 질문, 생각을 바꾸게 하는 질문을 해보자.

긍정의 질문을 통해 궁극적으로 조직이 나아가고자 하는 방향, 즉 조직의 needs와 관리자인 나의 needs, 그리고 직원의 needs를 잘 조화시켜보자. 그래야 모두의 꿈을 향해 한마음으로 나아갈 수 있다.

자신의 의견을 정확하게 피력하는 법

얼마 전에 외부연수를 통해 '메타비안의 법칙'에 관해 들을 수 있었다. 의사전달 구성요소로 목소리, 표정, 태도, 말의 내용을 꼽을 수 있는데, 전달되는 비중이 표정과 태도가 55%, 목소리가 38%, 말의 내용이 7%라고 한다. 감정표현을 잘하는 사람이 하는 말이 상대에게도 잘 전달된다는 뜻이다.

그러나 일반적인 경우에는 그럴 수 있지만 업무적으로 업무내용을 전달하는 과정은 이와 다르다. 본점 팀장 시절, 담당임원으로부터 과제를 발표하는 방법에 관해 훈련받은 두 가지 방법을 소개한다.

첫째, 조직 전체의 새로운 업무를 다수를 대상으로 일방적으로 발표할 때.

추진계획을 작성하여(대략 A4 15~20장 정도의 분량) 결재를 올리면 분해해서 낱장으로 만든 다음 순서를 재배치해주었다. 전체적인 맥락에서 틀을 잡고 작은 설명들로 이어나갈지, 결론을 먼저 도출하고 부연

설명을 해나가는 방향으로 갈지 정하고, 업무의 성격에 따라 내용에 대한 설명과 시각적인 자료도 달라진다. 우리가 설득하고자 하는 핵심 키워드를 명확하게 전달하기 위한 중요한 첫 단계이다.

작성된 발표 자료는 배포용으로 사용되고 발표 때는 원고를 보지 않고 발표할 수 있을 정도로 내용을 숙지하여 자신 있는 태도로 발표한다. 추진하고자 하는 일에 대한 의지 표명과 정확한 정보를 전달하는 게 핵심이다.

둘째, 각종 회의 시간에 자신의 의견을 발표할 때.

말을 조리 있게, 일목요연하게 정리해서 잘하려고 굳이 애쓰지 않아도 된다. 자신이 다음에 할 이야기를 생각하고 정리하다 보면 남의 이야기를 들을 수 없다. 남의 이야기를 듣지 않으면 논점에서 벗어난 말을 하게 된다.

그래서 회의시간에 필요한 것이 '메모하는 습관'이다. 상대방이 말할 때 상대방이 전달하는 내용을 정리하여 메모하고, 그것을 토대로 자신의 의견을 말하면 논점이 달라지는 실수를 막을 수 있다. 자기 생각과 의견을 정확하게 전달하기 위해서는 먼저 상대방의 의견을 진지하게 들어야 한다는 뜻이다.

조금 전에 상대방이 한 말을 간단히 되짚어주고 내 의견을 첨언하는 방법도 효과적이다. 또, 상대방의 감정이나 기분을 읽어 그에 맞는 적절한 리액션을 하는 것도 매우 효과적인 방법이다.

우리나라 대부분 사람이 초중고에서 짧지 않은 시간 동안 영어 단어를 외우고 숙어를 외웠음에도 영어로 대화하기가 힘들다고 말하는 가장 큰 이유가 머릿속에서 완벽하게 정리가 된, 완벽한 문장을 구사하려는 습관 때문이라고 한다.

사람과의 관계에서는 정확한 의미만 전달되면 오해의 소지가 많이 줄어든다. 대화에서 중요한 것은 유창한 말솜씨가 아니라 '정확한 의미' 전달이다. 자신의 의견을 분명하게 밝히지 못하는 사람들은 대부분 용기가 부족해서이다. 그리고 표현력이 부족한 경우도 많다. 용기와 표현력 부족은 말할 기회조차 빼앗고, 대화에 의욕을 잃게 한다. 용기와 표현력은 하루아침에 생기는 것은 아니다. 하지만 연습을 통해 충분히 기를 수 있다.

점점 지위가 올라갈수록 커뮤니케이션이 안 된다는 것은 마이너스 요소, 치명적인 결함이 될 수가 있다. 자신이 원하는 바를 명확하게 전달하지 못하면 그 취지의 정당성이 흔들림은 물론, 취지와 상관없는 방향으로 전개되어 엉뚱한 결과를 낳기도 하기 때문이다. 자신의 의견을 정확하게 피력하고 싶다면 상대방의 이야기를 제대로 듣는 것부터 시작해보자.

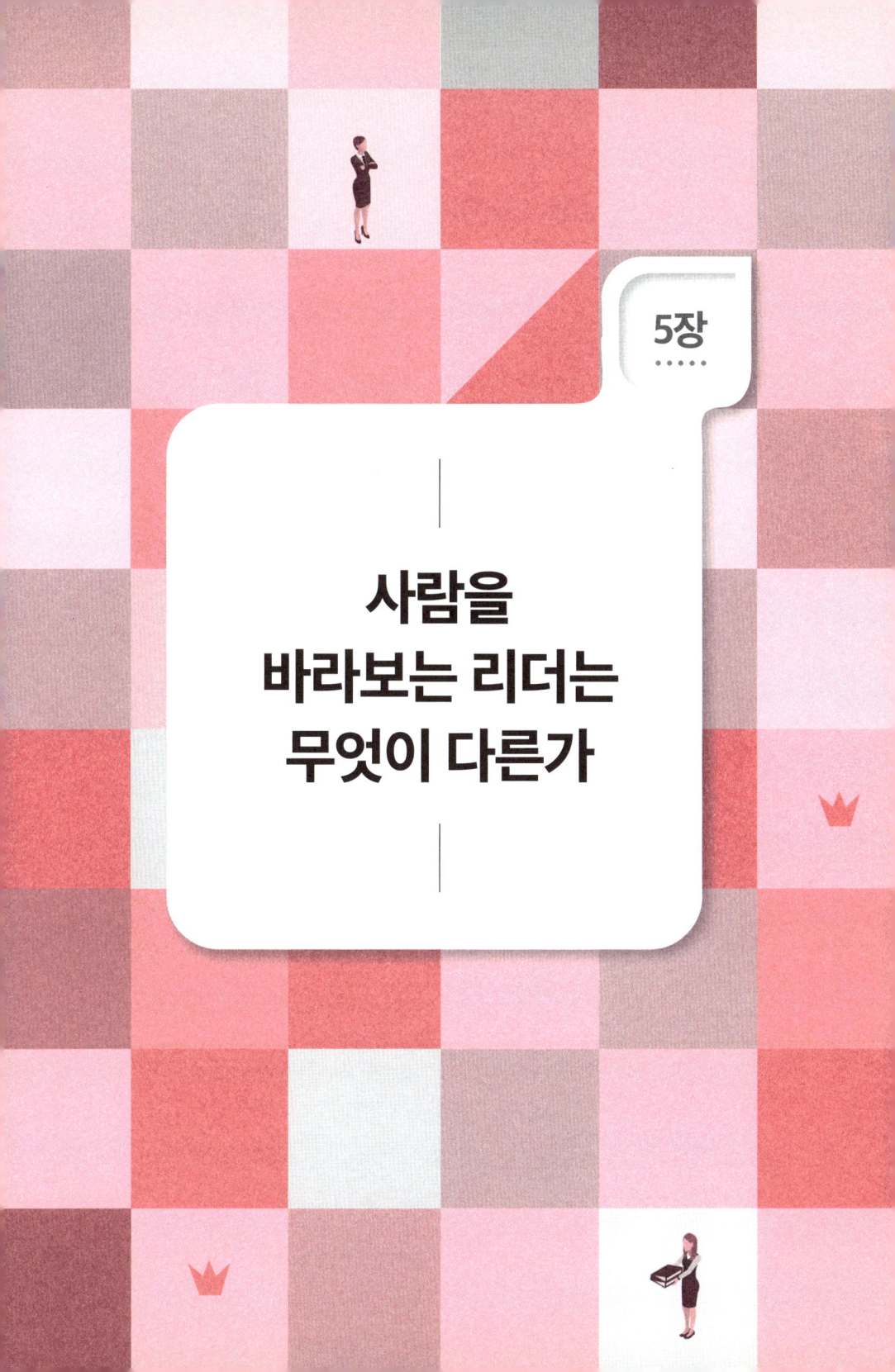

5장

사람을 바라보는 리더는 무엇이 다른가

칭찬을 잘하는 리더가
좋은 리더인 이유

어느 날 이제 고등학교 1학년이 된 조카가 물었다. 선배나 선생님하고 잘 지내려면 어떻게 해야 하느냐고, 공부는 제법 잘하는 아이인데 대인관계가 어렵단다. 나는 아주 쉬운 방법 하나를 알려주었다. 두 단계의 인사를 하라고 했다.

"안녕하세요, 선생님!"이 아니라 "안녕하세요, 선생님. 오늘 스타일 너무 멋지시네요.", "선배님, 안녕하세요. 묶은 머리가 너무 예뻐요. 잘 어울려요." 하고 인사에 이어서 칭찬의 말을 덧붙이는 것이다. 덧붙이는 말은 상대방을 보는 순간 알 수 있는 의상이나 헤어스타일, 소품을 소재로 삼는 게 좋다고 조언했다.

누군가와 소통하고 함께 가고 싶다면 칭찬거리를 찾아보자. 칭찬은 디테일할수록 좋다. 디테일하게 칭찬하기 위해서는 관심 있게 보아야 한다. 상대방을 볼 때 바로 칭찬거리를 찾아 건네보자. 출근인사를 하며 "김 과장! 커트했네. 멋지다. 한결 어려 보인다.", "박 대리, 원피스 너무 귀엽다. 내 스타일인데 어디서 샀어?" 이렇게 인사 습관을 바꿔 보는 것이다. 칭찬을 곁들인 인사는 '나는 당신에게 관심이 많다. 당신을 유심히 보고 있다'는 뜻을 포함하기 하기 때문에 한층 더 가까운 느낌을 준다.

소통의 커뮤니케이션 능력이 뛰어나다는 것에는 이런 스킬도 포함되는 것이다. 반복적인 비난은 상대방의 의지를 꺾고 주저앉게 하지만, 반복적인 칭찬은 상대방의 자존감을 상승시키고 더 나은, 더 좋은 사람이 되게 한다. 칭찬은 부하직원들이 성장하는 데 원동력이 되어줄 것이다.

"너로 인해 고마웠다."

"너 때문에 잘할 수 있었다."

"너희 덕분이다."

칭찬을 습관화하자. 작은 실천 하나가 우리의 삶을 비범하게 만들어 주기도 한다. 장점, 강점을 찾아내어 칭찬하면 직원도 성장하고 결국에는 조직의 성공으로 이어진다.

직원에게 사랑의 물을 준다

투덜이가 있었다. 자기 할 일은 다 하면서도 매사에 투덜거리는 직원이었다. 투털거림을 질책하기보다는 그 직원이 맡으면 잘해낼 수 있는 일을 찾아 부여하고 본인의 책임하에 주관하도록 했다. 그러면 일의 결과에 대한 만족도 본인이 느낄 수 있다.

친절한 고객응대가 단연 돋보이는 직원이었기에 장미텔러(CS고객만족서비스 담당자)를 맡아서 해보라고 했다. 나름 감투를 하나 씌운 것이다. 장미텔러에겐 별도 직무에 대한 수당도 지급된다. 또한, 지점 전체 CS평가 관련 총괄자로서 직원들의 동참을 이끌어 리드하는 역할도 해야 했다.

역시 잘하는 일이라 그런지 그는 적극적으로 맡은 임무를 수행해냈다. 직원들이 잘 따르도록 분위기도 띄우고 보이지 않게 힘도 실어주었다. 그 임무를 맡은 후에 평가가 잘 나와 'CS우수지점' 현판도 설치하게 되었다. 본부장이 방문해서 칭찬도 해주시니 자존감이 쑥쑥 자라고 매사 적극적으로 임하는 게 눈에 보일 정도였다. 일이 더 많아졌음에도 투덜이의 불평은 확연히 줄어들었다.

방송에서 콩나물로 실험하는 걸 본 적이 있다. 한쪽 콩나물에는 물을 줄 때마다 "무럭무럭 잘 자라렴. 사랑해."라는 말을 해주었고, 다른 한쪽 콩나물에는 "미워!"라는 말과 함께 물을 주었다.

그렇게 여러 날을 키운 결과, 놀라운 일이 벌어졌다. "사랑해"라는 긍정의 말을 듣고 자란 콩나물이 "미워"라는 부정적인 말을 듣고 자란 콩나물보다 훨씬 더 많이 자란 것이다. 말의 힘, 긍정적인 말의 힘이 얼마나 대단한지 알 수 있는 실험이었다.

무릇 식물도 이럴진대 사람은 오죽할까? 나 역시 사랑의 물을 주었던 선배로 기억되길 바랄 뿐이다.

칭찬은 부메랑처럼 돌아온다

나를 높이고 싶다면 주변 사람들을 칭찬하라. 남을 칭찬할 줄 아는 사람으로 인식되어 나의 주가도 높아질 것이다.

다른 사람에게 직원들을 칭찬하고 성과 역시 직원들의 공으로 돌릴 때 나를 향한 그들의 신뢰도가 쌓인다. 그러나 여전히 많은 사람은 성공하기 위해서 다른 사람들을 깎아내리거나 모든 공을 자신의 것으로 삼으려 한다. 일명 혼자 '광 판다'고 하는 것이다.

중간관리자라면 최고관리자 앞에서 상위관리자나 부하직원 칭찬을 하면 칭찬 대상자도 올라가지만 칭찬하는 사람의 평가도 올라간다. 칭찬은 당사자에게 하는 것도 중요하지만, 상사나 다른 직원들에게도 하여 사람들의 입을 통해 널리 알려지도록 소문의 전파자가 되는 것도 나쁘지 않다. 내가 퍼트린 상대방의 공은 부메랑이 되어 나에 대한 좋은 평판으로, 좋은 에너지로 돌아온다.

또한, 자신의 공 역시 타인의 입을 통해 주변에 알리도록 하라. 나의 칭찬도 제삼자의 입을 통해 알려지면 파급력은 훨씬 크다.

조직에서 팀의 성과가 있을 시 팀장이 자신이 전면에 나서 칭찬을 독차지하는 경우를 가끔 본다. 그때, 뒤에서 그 상황을 지켜보는 직원들의 표정을 보았는가?

장미를 선물하면 내 손에는 향기가 남는다고 한다. 그들로 하여금 나를 믿고 따르게 하고 싶다면 공은 그들에게 돌려라. 다시 말하지만, 그 공은 부메랑이 되어 반드시 나에게로 돌아온다.

또 상사나 부하직원이 무능하다고 뒤에서 흉을 보거나 비난하는 말은 하지 말아야 한다. 그 말을 듣는 사람은 흉을 보는 사람을 절대 신뢰하지 않는다. 뒤에서 남 흉보는 걸 즐기는 사람은 또 다른 사람에게 나의 흉을 볼 수도 있기 때문에 결코 신뢰할 수 없다. 공적인 자리든, 사적인 자리든 직원들을 비난하지 마라. 앞에서는 잘한다고 하고 뒤에서는 흉을 보는 이중적인 행동은 신뢰도를 떨어뜨릴 뿐 아니라 자신마저 깎아내리는 일이다.

나는 평소 본부장이나 임원들이 영업점에 방문할 경우 건넬 얘기를 미리 정리해두는 편이다. 직원들의 칭찬거리를 모아두었다가 상사에게 알리는 것이다. 또 최고관리자 앞에서는 상사를 칭찬하는 것도 잊지 않았다.

상사가 직원들과 인사를 나눌 때나 회의시간에, 일을 마치고 영업점을 나설 때, 적당한 타이밍을 놓치지 않고 상황에 맞게 이야기를 전달한다.

보통 나는 직원들과 악수를 나누는 순간에 맞춰 각 직원의 칭찬을 덧붙였다.

"본부장님, 저희 점포 방카실적은 우리 신입이 다했어요."

"직원들 덕에 제가 아주 든든하답니다."

"부행장님, 사실 이번 연수기획은 김차장 아이디어였어요."

업무보고를 하는 과정 중에는 "이번 자영업자대출 증대는 강 차장이 아니었으면 힘들었을 거예요.", "다음 분기에도 조 팀장이 투자상품은 책임지겠답니다." 하고 말한다.

본부장이 영업점을 방문한 후 한 직원이 내게 다가와 이렇게 속삭였다. 상사 앞에서 자기를 칭찬해주는 상사는 처음이었다고, 감사하다고, 앞으로 더 잘하겠다고 한다.

"그동안 어떤 상사랑 근무했던 거니?"

진심으로 궁금해지는 순간이었다.

혼자 잘나서, 혼자 잘해서 전체를 이끄는 리더들도 물론 있다. 하지만 겸손의 자세가 없다면 직원들을 통솔하는 데 반드시 한계를 느끼는 순간이 올 것이다. 그리고 혼자 하는 것은 자칫 직원들의 의욕을 꺾어버리기도 한다.

예전에 같이 근무했던 직원이 그랬다. 오랜만에 봤는데 생기가 하나도 없어 보여 왜 그렇게 기운이 없는지 물었다. 요즘은 뭘 해도 잘한 티는 안 나고, 잘해도 잘했다는 소리를 아무도 안 해준다는 것이었다.

그래서 점점 일하기 싫어진다는 것이었다. 모든 걸 상사가 다 알아서 하고 실적도 스스로 채우고 평가도 잘 나오니까 아래 직원들이 하는 건 조족지혈, 즉 눈에 차지도 않을뿐더러 칭찬하지도 않는단다. 모든 공은 상사 혼자만의 것이었다.

시간이 지나 무관심에 익숙해진 직원들은 새로운 관리자가 왔음에도 쉽게 변하질 않았다. 결국, 그 점포는 한동안 좋은 평가를 받지 못했다.

지금은 경쟁사회라서 수단과 방법을 가리지 않고 스스로 자신을 알려야 한다고 말하는 사람도 있을 것이다. 하지만 크게 보고, 멀리 보면 좋은 방법이 아님을 깨닫게 될 것이다. 잠시 이길 수는 있지만, 조금 먼저 갈 순 있겠지만, 결코 오래갈 수는 없다.

상대방이 잘되기를 바라는 마음으로 서로 돕고 협력하면 같이 성장하고 함께 성공할 수 있다.

마음을
움직이게 하는 리더

신임 은행장, 신임 임원이 먼저 하는 일 중 하나가 각 영업점 방문이다. 그러면 지점들은 각자의 방식대로 준비를 한다. 대표적으로 주변정리, 대청소를 하고, 새삼스럽게 인사 예절 교육도 다시금 하고, 방문 기념으로 자기 점포의 통장 및 적금 가입을 권유한다든지, 임원맞이에 대한 다양한 소문들이 흘러들어 온다.

색다르고 기분 좋은 맞이인사를 준비하기 위해 나는 직원들과 머리를 맞대고 고민했다. 그리고 우리 지점에서는 행장님 힘내시라는 의미로 신입직원이 행장님을 업어드리기로 했다. 그 신입은 헌병장교 출신이라 충분히 할 수 있다고 자신감이 대단했다. 또 캐리커처 그리기가 취미인 직원이 행장님 캐리커처를 그려 오겠다고 했다.

며칠 후 행장님이 영업시간 전 이른 아침에 방문하셨다. 집에서 만든 정성스러운 떡과 차를 대접하고, 행장님 말씀을 듣고 지점현황을 말씀드리는 이런저런 공식적인 순서가 끝나자 준비한 이벤트를 하기로 했다.

"행장님! 행장님 힘내시라고 우리 신입직원이 업어드리겠답니다."
"허허허 나를 업어준다고? 정말? 힘들 텐데!"

행장님이 계속 웃으셨다. 헌병장교 출신인 신입이 의기양양하게 나섰는데, 이게 웬일? 행장님을 업고 일어서질 못하는 게 아닌가. 순간 모두 당황했다. 다소 외소하신 모습을 보고 쉽게 생각했던 모양이다. 심기일전해서 재차 도전하여 행장님을 업고 무사히 객장을 한 바퀴 돌았다. 마지막으로 직원이 그린 캐리커처 선물을 전달하며 최고어른에 대한 손님맞이를 성공적으로 마쳤다. 행장님도 무척 흡족해하셨다.

행장님이 돌아가시고 얼마 지나지 않아 비서실에서 전화가 왔다. 방문한 영업점 중 우리 지점이 분위기도 제일 좋고 매우 즐거우셨다고 말씀하셨단다. 보답으로 저녁에 피자를 보내주셨고, 우리는 그날 저녁 피자파티를 열었다.

단순히 상사에게 잘 보이고자 한 행동은 아니었다. 우리가 준비한 것은 상사에 대한, 웃어른에 대한 최소한의 예의와 성의였다. 그런 이벤트를 준비하며 모든 직원이 모여 아이디어를 내고 웃고 떠들며 더 가까워지는 계기를 가진다. 한층 부드러워진 분위기는 업무에도 영향을 주기 때문에 일석이조인 셈이다. 또, 직원들은 새롭고 즐거운 경험을 하면서 그 안에서 각자 느끼고 배우는 바도 있었다. 이론만으로 그치는 게 아니라 직접 겪고 느껴서 배우게 해주는 것 역시 리더가 해야 할 일이라고 생각한다.

사람의 마음을 움직이는 방법

나는 직원들의 마음을 움직여 거리를 좁히기 위해 다양한 방법을 시도해보았다. 대표적인 몇 가지를 말하고자 한다.

나는 연초마다 연간일정표에 모든 직원의 생일을 체크해두었다. 생일이 되면 평소보다 조금 일찍 서둘러 새벽 꽃시장을 간다. 풍성하게 한 다발의 꽃을 준비해서 출근하는 직원에게 생일 축하와 함께 건네는 것이다. 기뻐하는 직원을 보면 충분한 마음이 전달되었음을 바로 느낄 수 있다.

물론 조금 귀찮고 힘들 수는 있다. 근처 꽃집을 통하면 쉽겠지만 전 직원을 다 챙기기엔 사비로 지출되는 비용이 다소 부담스럽기 때문에 내가 조금 부지런을 떤다. 그러면 주는 이도, 받는 이도 행복하게 하루를 시작하게 된다. 함께 공유하는 특별한 기억은, 함께 한마음으로 갈 수 있게 한다.

일이 많은 시즌에는 어쩔 수 없이 직원들이 자주 야근을 했다. 야식을 시켜먹으라고 해도 먹는 시간만큼 퇴근시간이 더 늦어지기 때문에 업무를 빨리 끝내고 집에 가서 먹는 게 좋단다. 그 마음이 이해되지만 안쓰러워서 나는 전자레인지를 구입하고 작은 냉장고도 추가로 주문했다. 즉석밥, 컵라면, 컵누룽지, 조미김도 넉넉히 채워두고 언제든 필요한 직원은 취할 수 있게 해주었다.

마치 야근을 조장하는 것처럼 보일지 모르나, 그런 것이 아니다. 나는 야근을 좋아하지 않는다. 업무시간에 최대한 집중해서 일을 마치고 제시간에 퇴근하라고 늘 얘기한다. 다음 날을 위해 퇴근 후 충분한 휴식과 힐링의 시간을 가져야 한다. 충전의 시간이 없는 일상은 어느 순간 정지될 수밖에 없기 때문이다.

그럼에도 일이 늦어지거나 아침에 일찍 오는 직원들을 위해 엄마의 마음으로 준비해둔 것이다. 주어진 업무시간에 열정을 다해 일을 마무리하는 자세가 중요하지만, 업무가 많을 때는 야근을 피할 수 없다. 그러나 그 외에 상사의 눈치를 보느라 퇴근을 먼저 할 수 없는 경우도 있다. 이런 조직 문화는 리더가 앞장서 없애주어야 한다.

나는 반기평가가 끝나면 다양한 항목을 적용하여 한 명도 빠짐없이 모두에게 감사카드와 작은 선물을 전달했다. 직원들 각각의 노고와 업적에 대해 칭찬하고 격려하고, 바라는 바를 카드에 담는다.

'김 차장, 상반기에 정말 고생 많았고 중간관리자 역할도 충분히 잘 해주어 힘이 되고 든든했어. 고마워.'
'창구서비스 우수점포 수상은 오로지 윤 계장 덕이었어. 고마워. 계

'속 파이팅할 거지?'

'표정이 많이 밝아져서 보기 좋구나. 계속 웃는 날이 되길. 함께 노력하자!'

 칭찬 한 줄, 격려 한 줄로 고마운 마음을 전달하면, 받는 이는 반드시 그 마음을 알아준다. 바라는 점을 적을 때는 더 진심이 느껴지도록 해야 한다. 그러면 지적을 듣고도 웃게 된다.

'이 경우에는 이렇게 하는 게 좋아.' '이거 아무나 가르쳐주는 팁 아니다! 너니까, 널 좋아하니까 너한테만 특별히 알려 주는 거야.'

 상대를 무시하고 힐난하는 지적이 아니라 온 마음을 다해 잘되길 바란다는 진심이 느껴지는 조언을 한다. 진심 어린 조언이 통하는 사이가 되면 어떤 난관도 함께 헤쳐나갈 수 있다.
 그리고 나는 평범한 일상 중에도 특별한 성과를 이루거나 칭찬거리가 생기면 바로바로 포상해준다. 이때 선물은 칭찬의식용이기 때문에 굳이 비싼 것일 필요 없다. 칭찬의 말과 함께 상징적으로 수여하는 것이니 다른 직원들 앞에서 칭찬받는 기쁨만 만들어주면 충분하다. 직원들은 칭찬거리가 생겼는데 상사가 그냥 넘기면 몹시 서운해한다. 그래서 나는 평소 카드와 작은 선물들을 상시 준비해두었다가 때에 맞춰 선물한다. 특별한 순간의 특별한 의식은 자신도 모르게 모두와 한마음이 되어 함께 갈 수 있게 한다.

  조직의 성공을 위해서는 조직원 전체의 마음이 모이지 않으면 이루어낼 수가 없다. 단 한 사람이라도 부정적인 생각을 가지고 있으면 잘하고자 하는 이들에게까지 나쁜 영향을 끼칠 수 있다. 그래서 모두의 공감대를 형성하기 위해 리더의 노력이 필요하다. 그렇게 모두의 공감대를 형성하고 한마음으로 나아갈 때 비로소 강력한 힘이 생긴다.
  내가 이렇게 하는 이유는 조직의 성공을 위해서이기도 하지만, 마음을 나누는 작은 행동을 통해 함께 추억할 수 있는 즐거운 시간을 갖고자 함도 크다. 일이 힘든 건 참을 수 있다. 하지만 사람이 싫어서 출근하기 싫은 상황은 서로 만들지 말아야 한다. 작은 노력으로도 그런 상황은 얼마든지 미연에 방지할 수 있다.
  다만 어떤 것이든 좋은 의도라도 너무 잘하려고 지나치게 의욕적이거나 욕심을 내게 되면 처음 의도가 퇴색되어 비난을 듣거나 나쁜 평가를 받을 수도 있으므로 항상 주의하고 경계해야 한다.

주기적으로
나를 평가받아라

예전에 외부 교육을 통해 '자신이 보는 나'와 '타인이 보는 나'에 대한 평가 테스트를 받아본 적이 있다. 자신의 시각에서 '자신이 아는 나'와 '모르는 나', 타인의 시각에서 '타인이 아는 나'와 '모르는 나'를 나와 다수의 타인이 기록해보는 프로그램이었다.

대인관계는 자신이 스스로에 대해서 알고 있는 부분과 타인이 알고 있는 나에 대한 부분이 얼마나 다르고, 그 차이가 얼마나 넓은가에 따라 영향을 받는다. 이 평가 테스트 결과는 내가 알고 있는 나와 어느 정도 비슷하게 나오긴 했지만, 전혀 생각지도 못한 항목들도 있었다. 나의 어떤 부분이 짐작하기 어렵다고 평가받는지 되새겨보는 시간이었다.

나에 대한 평판도 나의 몫이다

비슷한 맥락의 선배 지점장 이야기이다. 그 선배 지점장은 늘 새로운 점포에 가면 일정기간이 지나면 직원들에게 자신의 행동이나 지점운영 방식에 관해 좋은 점과 안 했으면 하는 점을 적어서 내라고 했다. 필체는 알아볼 수도 있으니 워드로 작성해서 무기명으로 받았다.

업무를 대함에 있어 당연히 관리자의 생각과 일반 직원의 생각은 다를 수밖에 없기 때문에 어느 정도 예측 가능하지만, 이렇게 하면 때론 전혀 생각지도 못한 새로운 문제점도 찾을 수 있다고 했다. 신선한 내용, 스스로 반성하게 하는 내용, 예측 가능한 내용, 이 모든 것을 통해 다시 자신을 재정비하는 계기로 삼았단다. 직원들의 생각을 알기에 다음 행동, 방향을 설정하는 데 훨씬 도움되고 결과적으로 단합도 잘 된다고 했다.

나도 선배를 따라 해보았다. 막상 해보니 잘해보고자 의욕적으로 추진했던 일이 나의 의도와 다르게 받아들여져 좋지 않은 평가가 나오는 경우가 있었다. 그래서 관철해야 하는 사안이나 어쩔 수 없이 해야 하는 사안에 대해서는 지시와 명령이 아니라 설득하고 이해시키는 과정이 필요한 것이다. 이해의 시간을 거치지 않고 독불장군처럼 진행하다 보면 불만이 생기고 만족할 만한 결과를 얻기도 힘들어진다. 모두가 다 같은 마음일 수는 없겠지만, 최소한 해야 한다는 인식은 다 함께 공유하고 나아가야 한다.

직원의 입장, 직원의 생각을 알게 됨으로써 내가 바꿔야 하는 항목들도 있다. 이해받지 못하는 것 같기도 하고, 내 마음 같지 않아 서운하고 섭섭한 점도 있었다. 하지만 어찌하겠는가. 나를 낳아준 부모도, 내 배로 낳은 자식도 모두 다 내 마음 같지 않은 것이 세상의 이치거늘. 인정할 부분은 쿨하게 인정하는 편이 정신건강에도 좋다.

전혀 다른 사람들이 모여 한마음으로 하나의 목표를 향해 가려면 일방적인 지시와 명령으로는 오래갈 수 없다. 나도 변하고 때로는 그들을 설득하고 이해시켜가며 소통의 시간을 가져야 중간에 꺾이고 부러지는 일이 생기지 않는다.

최근 많은 기업에서 사용하는 방법이 '다면평가'이다. 내 옆에서, 나의 가장 가까이에서 일하는 사람들로부터의 평가이다. 상사, 동료, 부하직원 등 여러 군으로부터 평가를 받는 것이다. 나는 평가자이기도 하고 피평가자이기도 하다. 변화주도력, 창의력, 기업윤리의식, 업무추진력, 팀워크 활성화, 부하 지도육성, 커뮤니케이션 능력 등 기본역량 및 리더십 역량을 종합적인 측면에서 평가하고 받는다.

직장에서 부서 발령이 나면 사람보다 먼저 도착하는 것이 바로 입을 통한 소문이다. 입에서 입으로 옮겨지는 소문은 부풀려지기도, 덧붙여지기도 하지만 가장 정확한 나에 대한 평판이기도 하다.

조직에서 하는 다면평가는 주로 리더에 대한 기본 역량 및 리더십 역량을 평가하지만, 직원들의 입소문 평가는 '성격이 좋다, 나쁘다, 무섭다, 카리스마가 뛰어나다, 워커홀릭이다' 등으로 주로 일상의 모습을 표현하는 내용이 많으므로 더 가깝게 다가온다.

　내가 가기도 전에 이미 나는 다른 이들을 통해 소개된다는 것이다. 결국, 새로운 부서에서 선입견을 가지고 시작한다. 그것이 편할 수도, 불편할 수도 있다. 하지만 그것 역시 본인이 만든 것이기 때문에 스스로 감내해야 할 몫이다.

직원들의 눈은 움직이는 CCTV

"우리 지점장 의자에는 본드가 붙어 있나 봐요. 움직이질 않아요."
"우리 지점장은 엄청나게 바빠요. 이유는 모르겠어요."
"지점장님을 찾아오는 사람이 한 명도 없어요."
"출근은 제일 먼저, 퇴근은 맨 나중에 하시는 분이에요."
"지시와 명령이 전공인가 봐요."
"열심히 하시는데 우리가 도움이 못 돼서 너무 죄송해요."
"다음에 가시는 지점으로 따라가고 싶어요."

　감사부 검사역 시절 영업점 방문 시 나는 반드시 직원이나 책임자에게 지점장에 대해 물어보았다. 직원들의 다양한 답을 통해 지점 분위기 및 책임자인 지점장의 성향을 바로 알 수 있다. 간혹 지점 분위기 매우 좋아 휴일이 없었으면 좋겠다는 직원들도 있지만, 대부분은 불편함과 부당함을 토로한다.

　직원들의 평가는 관리자 본인의 생각과는 전혀 다른 경우가 많다. 하지만 직원들의 평가가 더 정확하다. 직원들은 불만이 가득한데 본인은 팀워크가 아주 좋다고 착각하는 경우도 있었고, 본인은 정직하게 업무를 추진하고 직원들에게 한없이 잘해준다고 생각하는데 직원들 생각은 그 반대인 경우도 있었다. 지점 분위기 파악을 위해서 필요한 과정이었지만, 나중에 내가 관리자가 됐을 때 하지 말아야 할 것과 직원들이 좋아하는 것은 무엇인지에 대해서 공부하는 시간이 되기도 했다.

　분위기 좋은 점포는 당연히 팀워크도 좋아 대체로 성적도 좋다. 직원에 의한 사고나 고객과 관련한 사건사고가 많은 점포는 지시와 명령으로 위축된 지점, 관리자에 대해 불만이 많은 지점에서 발생하는 확률이 높았다.

　감사부 검사역 시절에 나의 별명은 '칼검', '독검'이었다. 나는 그 별명이 싫지 않았다. 나의 신념과 감사에 임하는 자세를 간단명료하고도 정확하게 표현해주는 별명이라 오히려 좋았다. 나는 영업점 방문 시 지점장들과 점심을 거의 하지 않았다. 물론 영업점 직원들과의 저녁식사자리에도 응하지 않았다. 식사자리는 접대의 장으로 변질되기 십상이기 때문에 처음부터 아예 차단해버리는 게 여러모로 편했다. 덕분에 검사역 3년 동안 '칼검', '독검'이라는 명예로운 별명을 얻었으니 만족한다.

그렇다고 항상 독하기만 한 것은 아니었다. 감사 후 시정이 가능한 것은 시정 후 서면 보고를 하면 삭제해주었다. '지적은 디테일하고 칼날같이, 대신 평가는 후하게' 검사역 시절 나의 원칙이었다. 신념대로 원칙을 지키기 위해 매일같이 뒷목이 뻐근해질 정도로 열심히 일했다.

검사역 시절 또 내가 느낀 점은 리더를 바라보는 직원들의 눈이 정확하다는 것이다. 초임지점장의 지나치게 의욕적인 업무추진이 부담스러웠던 한 직원이 검사역인 내게 넌지시 불만을 쏟아냈다. 지점장이 자신은 아무것도 하지 않은 채 직원들에게만 무리하게 업무요구를 한다는 것이다. 아침에 출근해서 업무를 한 보따리 던져주고 나가서는 저녁 늦게 들어오거나 아예 들어오지 않고 바로 퇴근해버린 적도 여러 번이라고 했다. 이런 행태가 지속되면 언젠가는 문제가 발생해 사고가 터지는 것이다. 부디 그것만은 피하고 싶은 절박한 심정의 호소였을 것이다.

나는 철저히 검사했고 일부 변칙영업을 적발해 주의하라고 경고하고 시정을 받아 감사를 끝냈다. 그 후로도 지점장의 행태는 변하지 않았고, 1년이 채 지나지 않아 무리하게 추진했던 여신에서 문제가 발생하여 그 지점장은 책임을 지고 지점장 자리에서 내려오고 말았다. 부적절한 행동을 일삼는 리더는 오래가지 못한다.

나의 오랜 고객이신 원종성 님 수필집 제목이 떠오른다.

'향 싼 종이에선 향내 나고 생선 싼 종이에선 비린내 난다.'

어느 날 다른 지점에 근무하던 직원이 내게 하소연을 늘어놓았다. 그 지점의 지점장이 사용한 영수증이 참으로 다양하다고 했다. 주말에 동네에서 먹은 식당 영수증, 고속도로 통행료 영수증, 도서구입비 등 누가 봐도 개인적인 용도로 사용한 것으로 보이는 것을 거리낌 없이 법인용 카드로 사용한다는 것이었다. 아무리 그럴듯한 핑계로 포장해도 직원들은 알고 있다. 나에 대한 다양한 평가는 나만 모를 뿐 주위 사람들은 이미 다 알고 있다. 직원들의 눈은 살아 움직이는 CCTV이자 블랙박스다.

무심히 지나치며 한 행동, 생각 없이 내뱉은 말 한마디 하나하나가 직원들의 눈을 통해 촬영되고 있다는 사실을 잊어선 안 된다. 빠짐없이 기록되어 차곡차곡 쌓여 있는 내용이 삭제될지 공개될지 여부는 리더에게 달려 있다. 그것은 나를 좋은 리더로 소개하는 영상이 되기도 하지만, 잘못하면 나를 고발하는 영상으로 사용되어지는 경우도 있다.

- 근태는 철저하고 정확하게 지켜라.
- 모든 비용은 투명하게 숨기지 말고 오픈해야 한다.
- 공과 사는 분명히 구분하도록 선을 그어야 한다.
- 겉과 속이 같아야 한다.

- 진심으로 대하라.
- 다른 사람의 공을 가로채지 마라.
- 직원들의 흉을 보지 마라. 부메랑이 되어 돌아온다.

다시 강조하지만, 직원들의 눈은 움직이는 CCTV이다. 피할 수도, 피할 방법도 없다.

오래전, 함께했던 직원이 외국계 회사로 옮기는 과정에서 전 직장 상사의 추천서를 받아야 했다. 본인이 소개하는 자기소개서가 아니라 함께했던 동료의 평가가 또 다른 평가 기준이 되는 세상이다.

얼마 전에도 모시던 상사가 이직을 하게 되었을 때 헤드헌터사에서 부하직원이었던 내게 상사에 관한 평가를 해달라는 요청이 왔다. 부하직원들 통해 그 사람의 리더십을 객관적으로 평가하는 자료로 쓰는 모양이었다. 좋은 리더셨기에 나는 내가 느낀 그대로 응원의 마음을 듬뿍 담아 적어 보냈다.

내가 어떤 사람인지 정확히 알고, 상대방도 나에 대해 알게 되면 소통은 저절로 이루어진다. 내가 몰랐던 나에 대한 타인의 조언을 수용해 고치려는 노력이 나를 성장시킨다.

사고의 유연성, 행동의 유연성을 가져라. 그리고 자신에 대한 평가를 겸허히 받아들여라.

위기관리,
문제해결 능력을 키워라

　　　　　　　　　　직장생활을 하다 보면 위험은 언제든 찾아온다. 그럴 때 침착하고 흔들림 없는 모습을 보여주어야 한다. 누구도 위험을 피할 순 없겠지만, 그 시기를 잘 견뎌내고 지혜롭게 헤쳐나가면 위기관리, 문제해결 능력치는 올라간다. 리더의 능력은 위기 때 더 빛을 발한다.

　리더라면 위기를 맞닥뜨렸을 때 부하직원과 똑같이 겁먹고 낙담해선 안 된다. 대범함을 가져라. 상사가 의연하게 맞서지 않으면 부하직원들은 더 불안해한다. 업무능력도 중요하지만 리더의 진가는 위기를 관리하고 문제를 해결할 때 드러난다. 그래서 산전수전 다 겪으며 다양한 경험을 쌓은 상사는 평탄하게만 지내온 상사보다 훨씬 강한 힘이 느껴지고 믿음이 간다. 반대로 평소의 말과 행동, 가치관이 위기를 맞았을 때의 행동과 일치하지 않는다면 직원들의 신뢰를 잃게 된다.

위기관리능력을 키우기 위해서는 평소에 훈련이 되어 있어야 한다. 먼저 직원들에겐 무엇이든 문제가 발생하면 바로 보고하도록 하는 게 중요하다. 그런 시스템이 구축되어 있으면 해결할 수 있는 시간이 그만큼 단축된다. 직원들과 함께 위기관리 매뉴얼을 만들고 숙지하는 것도 빠른 해결에 큰 도움이 된다. 절대 혼자 해결하려 하지 마라. 오히려 문제를 더 크게 만드는 경우가 생길 수 있다. 어떤 일도 마찬가지겠지만 힘들고 위험한 일일수록 혼자보다는 여럿이 함께 힘을 모아야 쉽게 해결할 수 있다.

나에게도 위기의 순간은 많았다. 책임자 시절에 부하직원이 신용카드를 가족명의로 만들어 본인이 사용하기도 했고, 시재에 손을 댄 경우도, 고객에게 현금이 과다 입금되어 회수가 어려웠던 적도 여러 번 있었다. 많은 고객을 상대하는 업무이다 보니 직원의 업무미숙, 고객에 대한 말투나 행동에 대한 감독원의 민원, 업무 관련 소송, 고객과의 사적 거래에 있어 증인요청을 하는 등 다양한 사건사고들이 발생했다.

나는 문제가 발생하면 나에게 주문을 걸었다. '이 또한 지나가리라.' 언젠가 이 일도 웃으며 말할 수 있는 날이 반드시 올 것이라 믿었다. 이런 마음으로 하나씩 풀어나가면 어떤 일도 어렵게 느껴지지 않았.

그리고 어려운 문제일수록 정공법으로 맞섰다. 사안이 크면 클수록 잔머리, 속임수, 임시방편과 같은 방법은 절대로 사용해서는 안 된다.

그런 방법으로 위기를 넘기려 하면 문제만 커질 뿐 해결이 안 되는 경우가 많다. 설령 운 좋게 해결했더라도 나중에 반드시 탈이 생긴다. 그러므로 문제는 반드시 정공법으로 헤쳐나가야 한다.

그리고 문제에 대한 충분한 이해가 필요하다. 무엇이 문제인지, 어디서부터 풀어야 하는지 신중하게 고민하고 충분한 시간을 들여 이해한 뒤에 답을 찾아야 한다.

또 하나, 문제가 발생하면 사심을 버려야 한다. 리더라면 문제에 관한 모든 책임은 내가 진다고 생각해야 한다. 다치지 않으려 몸을 사리고 책임지지 않으려 남의 탓만 하면 해결할 수 없을뿐더러, 직원들과의 관계는 돌이킬 수 없는 상태가 되고 만다. 그다음부터는 리더로서 통솔할 수 없는 상황이 될 것이다.

어려운 고비나 위험을 잘 넘기면 저항력, 면역력이 생기고 또 다른 위험을 이겨낼 힘이 된다. 문제해결능력이 쌓이면 결국 경쟁력이 높아지는 것이다. 우리는 그걸 흔히 '내공'이라 하고, 내공이 쌓이면 내일이 든든해진다.

위기의 순간을 대범하게 받아들이기

위조지폐가 대량 발견되어 경찰에 신고 후 조사받았던 일, 업무처리 절차에는 문제가 없었으나 사기대출을 목적으로 설립한 회사 임직원 대출 문제로 검찰과 사기대출자 부모 및 변호인과 면담을 통해 해결했던 일, 거래처 회사 임직원이 회사 자금 횡령으로 은행거래 감사를 받았던 일, 정말 다양한 일들이 발생했고 또 해결했다. 그런 과정이 쌓여 나의 내공이 되었다.

내 의지와 상관없이 수재의연금으로 150만 원을 낸 적도 있다. 대여금고 장기 미사용자에 대한 정리 작업을 하던 때였다. 장기 미사용으로 인한 해지통보 안내문이 등록된 정보의 오류로 동명인 제삼자에게 전달되었다. 금고엔 예치된 내용물이 없었고 더 이상 사용의사가 없다고 하여 금고 해지 절차로 마무리하였다. 그런데 몇 년이 지나 진짜 대여금고 임차인이 나타난 것이다. 짐을 정리하다 키가 나와서 방문했단다. 내용을 확인하고 자초지종을 말씀드리자 본인들도 잊고 있었지만 제삼자에 의해 해지된 점은 용서할 수가 없다고 했다.

고객이 내점한 시점에 담당책임자는 나였기에 전임자들이 실수한 부분이지만 책임은 내가 져야 했다. 사과의 말씀을 충분히 드렸음에도 용서가 안 된다고 하시어 퇴근 후 댁으로까지 찾아갔지만 문전박대당하고 돌아와야만 했다.

다음 날 다시 찾아가 진심으로 사과를 전하는데, 고객이 한 가지 제안을 했다. 반성의 의미로 신문사에 수재의연금을 내고 증빙서를 가져오라고 했다. 황당했지만 고객의 제안을 수용할 수밖에 없었다. 그 당시 수재의연금은 방송사 및 신문사에서 직접 받고 있었다. 전임 책임자와 당시 책임자였던 나까지 두 명의 이름으로 300만 원을 신문사에 보내고 마무리가 되었다.

　하루는 직원들의 움직임이 수상쩍었다. 아니나 다를까 문제가 발생했다. 영업점은 매일 입금, 출금의 현금 잔액을 정산하는 작업을 해야 하는데 시재(텔러가 보유하는 현금 잔액)가 맞지 않아 찾는 중이었단다. CCTV까지 확인하고 찾아낸 원인은 착오 입금이었다. 50만 원을 입금해야 하는데 500만 원을 입금한 것이다. 착오입금계좌 거래내역을 확인해보니 입금하려고 했던 50만 원은 이미 카드사용대금으로 결제가 되었고, 나머지 450만 원도 자동화기기를 이용해 다 인출한 후였다. 아마도 카드대금이 연체 중이서 창구에서 입금하고 인출되었는지 자동화기기를 통해 확인해보았는데 50만 원이 아닌 500만 원이 입금된 걸 알고 나머지 450만 원을 바로 인출한 것으로 추측됐다. 과다 입금을 알았음에도 본인이 유용한 것이다.

　이런 경우가 가끔 발생하기도 하지만, 대개 바로 취소하거나 당일 중 반환이 이루어진다. 하지만 이 고객과는 연락이 되지 않았다. 직장 연락처는 없었고 개인전화 및 집전화도 안 받았다. 메시지를 남겼음에도 답이 없었다.

　유니폼을 입고 집으로 찾아가 늦더라도 직접 만나라고 했다. 남자직원과 둘을 보내면서 유니폼을 굳이 입혀 보낸 이유는 자금을 반환받아야 직원의 업무가 끝난다는 것을 직원이나 고객에게 알려주기 위함이었다. 또한, 집에 방문해서는 본인 이외의 다른 이에게는 절대 과다입금 관련 내용을 말해선 안 된다고 주의를 줬다.

집에 찾아가 보니 역시 부모님만 계셨고 자초지종을 물었지만 나의 당부대로 본인에게 전할 말이 있다고만 했더니 아버님이 아들에게 전화해서 은행에서 찾아왔다고 전했고 수화기 너머로 화를 내는 목소리가 들렸단다. 결국, 그는 그날 집에 들어오지 않았다. 그리고 본인은 500만 원을 입금했다고 하는 것이 아닌가. CCTV를 통해 다 확인되었으니 직접 방문해 확인해봐도 된다고 하자 적반하장으로 내가 나중에 가져다줄 텐데 왜 집까지 찾아왔느냐며 용서할 수가 없다고 했다. 사유서를 써서 지점장 사인을 받아 내일 자기 사무실로 가져오라고도 했다.

다음 날 사건의 경위를 적어서 담당자와 책임자가 찾아갔지만 여전히 자금 반환은 이루어지지 않았고, 그 다음 날이 되어서야 겨우 반환받을 수 있었다.

이 경우 대부분의 직원은 자신이 스스로 해결하려 하거나 입금이 잘못된 걸 확인하는 순간 바로 고객에게 전화를 걸어 과다 입금되었으니 되돌려 달라고 말하기도 한다. 그러면 고객은 그런 일 없다며 발뺌하거나 돈을 다 써버려서 없으니 여윳돈이 생기면 준다고 차일피일 미루며 시간을 끌기도 한다. 어떤 직원은 과다 입금으로 적지 않은 금액을 3개월 만에 돌려받은 적도 있다.

이렇듯 크고 작은 위험은 언제, 어느 때나 닥칠 수 있다. 이때 리더는 겁먹지 말고 의연하게, 대범하게 받아들여야 한다. 그리고 추후과정에 대한 시뮬레이션을 해보고 그 안에서 해결책을 찾아야 한다. 리

더의 이런 자세는 부하직원들에게 좋은 본보기가 된다. 다시 말하지만 '이 또한 지나가리라.'

질책은 모든 문제가
해결된 후 하라

누군가 내게 물은 적이 있다. 직원들이 잘못한 일이 발생하면 대부분 상사는 화부터 내는데 나는 어떻게 의연하게 대처할 수 있는지 그 비결이 무엇인지 궁금하다는 것이다.

결코 내가 속이 좋아서가 아니다. 인내심이 많아서도, 화를 낼 줄 몰라서도 아니다. 일하다 보면 수시로 문제가 발생한다는 것을 너무나 잘 알기 때문이다.

"도대체 넌 잘 하는 게 뭐야!"
"뭐 하나 제대로 하는 게 없어!"
"일을 이따위로 하면 어쩌자는 거야!"
"벌써 몇 년차인데 아직도 이런 일 하나 제대로 처리 못 해!"

화부터 내고 윽박지르는 상사들은 스스로 분노를 다스리지 못해 폭

발하고 업무능력만이 아닌 인신공격까지 하게 된다. 이미 직원은 겁에 질려 있다. 잘못을 인지한 순간부터 상사의 꾸지람에 대한 불안감, 두려움과 미안함 때문에 겁에 질려 있다. 이렇게 주눅이 든 상태로는 일을 해결하기가 더 어렵고 불편하다.

이미 충분히 힘들고 아픈 사람을 또 찌르진 말자. 성급하게 화부터 내지 말고 질책은 잠시 나중으로 미뤄두자. 전후 사정을 들어보면 직원의 실수라고 하기엔 억울한 점이 있을 수 있다. 차분한 상태에서 문제의 전체 과정을 들으며 어디에서 문제가 발생하였는지, 누가 문제의 발단이었는지 문제의 핵심을 찾아내야 한다.

어디서 시작된 문제인지, 법규에 위배되는 것이 있는지, 어떤 부분이 잘못된 건지, 누가 문제인 건지, 어떤 말과 행동이 상대방을 불편하게 했는지를 따져보고 정확한 진단이 끝나면 해결책을 찾는다. 문제 전체를 펼쳐놓고 하나하나 풀어가면 해결하지 못할 일은 없다.

다시 말하면 문제의 내용을 잘 파악해서 문제의 발단과 원인을 찾아내는 것이 핵심이고, 원인을 찾으면 누구와 어떻게 풀 것인지 방법을 고민하고 해결하면 된다. 이런 과정을 거치면 처음 생각했던 것보다 별일 아닐 수도 있고 쉽게 정리가 되기도 한다. 침착하게 문제의 핵심을 찾고 해결해야 한다. 질책은 그다음이다.

모든 과정이 정리된 후 담당자 및 관련자를 불러 다시 묻는다. 질문을 통해 스스로 해답을 찾게 하고 그것을 통해 깨닫게 하는 것이 목적이다. 각자 어느 대목에서 자신의 과오가 있었는지 생각하고 반성하게 되므로 관련된 모든 사람에게는 전 과정이 하나의 좋은 경험으로, 사례로 기억된다. 이 경험을 통해 또 다른 위기상황 발생 시 대처할 능력이 생기고 더욱 성장하게 된다. 질책을 예상한 순간에 상사의 이해와 포용은 더 큰 감동을 불러일으킨다.

문제를 해결할 열쇠도 '사람'이다

나는 누누이 직원들에게 말했다. 질책이 두려워 문제를 오픈하지 않고 혼자 수습하려다 보면 오히려 일이 더 커지고 해결하기 더 어려워진다고. 그러면 처음 받았을 질책의 강도 보다 훨씬 더 큰 강도의 질책을 받게 될 거라고. 그러니 무엇이든 문제가 발생하면 책임자와 상의하라고. 경험이 있는 책임자가, 관리자가 현명하게 함께 해결책을 찾아줄 수 있다고. 아직 경험이 부족한 너희는 그런 과정을 통해 배우고 성장하는 것이라고 말해주었다.

하루는 신입직원의 표정이 어두웠다. 업무처리 내용이 감사부에 지적되어 감사점수 감점처리는 물론 사유서를 작성하여 지점장 결제를 받아 제출해야 한다는 것이었다. 겁에 질린 직원을 진정시키고 자초지종을 물었다. 업무처리는 잘못했지만 다행히 어렵지 않게 보완할 수 있는 일이었다.

일단 문제 내용을 보완해서 업무처리를 바로 잡은 후 책임자가 나서서 해결할 상황인지, 담당자가 해결하는 게 좋을지, 최고관리자가 마무리하는 게 좋을지 다양하게 고민하고 각각의 결과를 예상해보았다. 다양한 방면에서 고민하는 것이 중요한 포인트다. 내 판단으로는 책임자가 나서서 해결하기보다는 일처리에 미숙할 수밖에 없는 신입직원이 직접 선처를 구하는 방법이 최선이었다. 결론을 내리고 신입직원에게 바로 행동에 옮기도록 하였다.

담당 검사역에게 위규에 대한 보완, 정정 내역을 송부하고 향후 같은 실수를 하지 않겠다는 반성의 태도를 보이며 선처를 구하도록 했다. 그러나 검사역은 완강했다. 시간을 조금 두고 퇴근시간쯤 다시 통화하도록 했다. 신입직원이 깊이 반성하는 자세로 연신 기회를 달라고 읍소하자 검사역도 결국 선처해주었다.

담당자 선에서 반성하고 선처를 구하면 해결될 수 있는 일이었는데 관리자가 직급으로, 힘으로 누르려고 나섰다면 일은 더 커졌을 것이다. 이 역시 처리 과정에서 담당자 스스로 충분히 반성하고 깨달았을 것을 알기에 나도 별다른 질책 없이 넘어가 준 것이었다.

과장 때의 일이다. 팀원 중 한 사람이 나에게 와서 하는 말이 모 직원이 수상하다는 것이었다. 창구에 고객도 없는데 현금서비스를 너무 자주 받는다는 것이었다. 이후 일주일 정도 조용히 그 친구의 전표 및 업무처리 내용을 관찰하였다. 결국, 문제(사고성)를 찾아냈고 그 직원을 불러 물었다. 내가 찾아낸 몇 건의 위규사항을 가지고 얘기를 꺼냈더니 이 건 이외도 본인이 처리한 위규 전체 내용을 털어놓았다.

내용인즉 본인의 가족들 명의로 신용카드를 만들었단다. 가족의 동의 구하지 않고 직장 주소, 집 주소 모두 자기 정보로 기재하고 카드를 발급받아서 현금서비스 자금을 인출하여 본인이 사용하고 있었다는 것이다. 현재의 금융시스템으로는 불가능한 일이다.

카드를 이용한 유용자금이 2천5백만 원이니 적지 않은 돈이었다. 그 자금의 사용처를 물으니 신랑이 IMF 때 회사를 그만두고 치킨가게를 오픈했는데 영업이 잘 안 돼서 폐업했고 그 때문에 빚을 지게 되어 이자와 생활비를 충당하다 보니 금액이 계속 늘어났다고 했다. 이 경우 감사부에 사고 보고를 하면 이 직원은 면직처리를 피할 수 없는 사안이었다.

일단 사고 당사자와 나, 둘만 알고 있는 상황에서 나의 고민은 깊어졌다. 사고에 응당한 벌을 받아야 하지만, 평소 고객 및 직원과도 관계가 좋았고 일도 잘하는 직원이었기에 일단 내 선에서 해결하기로 했다.

다음 날 그 직원에게 신랑을 데리고 오라고 했고 밖에서 셋이 만났다. 신랑은 이 사실을 모르고 있었다. 평소 성실하고 일 잘하는 직원이 이런 상황까지 오게 된 것은 남편에게도 책임이 있으니 남편에게 대안을 찾으라고 했다. 다른 가족의 도움으로 변제 가능 여부, 남편 이름으로 대출 가능 여부 등을 타진해보고 해결책을 함께 고민했지만 뾰족한 수가 없었다.

상황이 이렇게 되자 내가 직접 카드사를 찾아가 제안을 했다. 사고를 인정하고 2천5백을 부실로 정리하는 것보다 장기대출로 전환하여 분할납부하게 해줄 것을 제안했고, 다행히 나의 의견이 받아들여져 2천만 원을 본인명의의 장기대출로 전환해주었다. 나머지 5백만 원은 지인의 도움으로 정리했다.

일련의 과정을 직원들에게 알리지 않고 변제 후 종료했음에도 한 달 후 그 직원은 스스로 퇴직했다. 후에 신랑이 IT 관련 업체에 취직하고 카드사 대출은 3년에 걸쳐 상환하였다고 전해 들었다.

질책해야 한다면, 그 문제만으로 질책하되 무시하거나 인격 모독 발언은 하면 안 된다. 그동안에 쌓아두었던 잘못까지 모두 싸잡아 한꺼번에 질책하지 마라. 또 질책 시에는 위협적인 요소가 있는 표현은 삼가야 한다. 구체적으로 잘못된 부분에 대해서만, 타인과 비교하지 말고 행동에 관해서만 질책해야 한다. 그리고 상대방이 개선할 수 있도록 구체적 조언을 함께 해줘야 한다.

사실 평소 나의 지론은 굳이 질책하지 않아도 된다는 것이다. 문제를 해결하고 정리하는 과정에서 본인이 느끼게 해주어 반성하고 잘못을 바로잡았다면 그것으로 된 것이다. 어떤 잘못으로 어떤 문제가 발생하든 문제를 풀어가는 데도 '사람'이 우선이다.

모든 이의
네비게이션이 되어라

'너 늙어봤냐. 나는 젊어봤단다.'

가수 서유석의 노래 제목이다.

"삼십년 일하다 직장에서 튕겨 나와 ~~백수라 부른다. ~~ 이 세상에 태어나 아비 되고 할배 되는 아름다운 시절들 ~~" 먼저 가신 아버님과 스승님의 말씀이 새롭게 들린다. "~ 이제부터 이 순간부터 나는 새 출발이다"라는 노랫말이 인상적이다.

이 노래 제목과 비슷한 제목인 책도 있다. 2015년 92세인 일본인 노학자 도야마 시케히코의 작품 〈자네 늙어봤나, 나는 젊어봤네〉이다. 이 책의 원제목은 '인생 이모작'으로 한국어 번역본 제목이 더 마음에 와 닿는다. 이 책은 92세의 노교수가 장년기로 접어드는 사람들에게 다정한 어투로 인생수업을 하는 내용이다.

이 까마득한 인생선배는 40대부터 인생 2막을 준비하라고 했다. 새로운 터닝포인트가 될 인생 2막에는 시행착오도 필요할 것이니 일찍 준비해야 한다는 것이다.

이 두 작품은 고령화 시대에 행복한 인생 2막을 어떻게 살아갈 것인지, 건강하게 살아가는 방법, 활기찬 노후 준비와 관련된 다양한 이야기를 하고 있다.

같은 맥락에서 이런 어른의 역할을 관리자인 리더가 해주어야 한다고 생각한다. 행복한 인생 2막을 위한 직업, 건강, 독서, 사고, 인간관계, 생활습관, 삶의 전반적인 부분에 대해 들려주어야 한다. 후배들이 앞으로 걸어가야 할 길이 이미 내가 걸어온 길이기 때문이다.

후배들도 성공을 위해, 꿈을 이루기 위해 목표를 향해 앞으로 나아간다. 정확한 목적지는 정해져 있다. 그 목적지를 향해 가는 길은 여러 갈래, 여러 경로로 나누어져 있다. 빠르지만 위험한 지름길, 평탄하지만 조금 오래 걸리는 길, 울퉁불퉁하고 시간도 많이 걸리는 길, 통행료는 비싸지만 빠른 길, 통행료는 저렴하지만 느린 길 등 많은 선택지가 있다. 어떤 길, 어떤 경로를 선택할지는 본인의 몫이다.

리더는 수많은 시행착오를 통해 여러 길을 겪으며 그 자리까지 온 사람들이다. 나 역시 그랬다. 그렇기에 그 모든 걸 경험한 우리는 평탄하고 안전한, 그리고 빠른 길을 후배들에게 알려줄 수 있다. 사람은 모두 다르므로 그것이 모두에게 정답은 아닐 것이다. 정답을 가르쳐 주라는 것은 아니다. 아이를 낳고 엄마 나이가 되어봐야 엄마 마음을 알고, 어른이 되어봐야 옛 어른들의 말이 틀린 게 없음을 깨우친다지만, 그 과정을 조금은 단축시켜줄 수 있지 않은가. 올바른 방향 제시, 그것은 리더로서 반드시 해야 할 일이다.

물론 새로운 길, 남들이 가지 않았던 길을 가야 하는 직업이나 직종도 존재한다. 같은 길을 걷는다고 같은 위치에 도달하는 것은 아니다. 그 길 위에 각자의 사고와 아이디어가 더해져 얼마든지 새로운 것을 만나고 새로운 길을 가게 될 것이다.

책임자 시절, 고객업무가 주 업무이다 보니 고객으로부터 다양한 요구를 받았다. 업무적으로든 업무 외적으로든 다방면에서 해답을 원하는 경우가 많았다. 업무경험을 토대로 한 노하우, 타인의 경험을 통한 노하우, 취미생활을 통해 알게 된 다양한 노하우를 되짚어 최선의 답을 알려주기 위해 노력했다.

업무지식, 자세, 태도, 진로 전반에 대해 궁금한 게 있으면 상사로서, 인생선배로서 찾아 조언을 구할 수 있는 존재, 길잡이가 되어보자. 요즘처럼 지식이 넘쳐나는 시대, 정보화시대에는 무엇이든 인터넷에서 검색만 하면 손쉽게 알 수 있다고 하지만, 여전히 직장 선배를 통해서만 전달되는 것들이 존재한다.

여기서 너무 오버해 내가 무엇이든 정할 수 있고 내 뜻대로 모든 것을 조정할 수 있다는 생각은 금물이다. 무조건 나를 따르라는 구시대적인 발상은 경로를 이탈해 엉뚱한 방향으로 가게 할 수도 있다.

올바른 방향 제시가 필요한 것이다. 올바른 방향 제시는 자기 자리를 잘 찾는 데서부터 시작해야 한다. 어느 위치, 어느 자리에서 시작하여야 하는지 시작점을 정확히 알고 출발해야 목적지까지 무사히 도착할 수 있다.

사람의 마음을 얻는 여섯 가지 방법

직장생활을 하는 동안 나의 모토는 '더불어 함께'였다. 함께 가기 위해서는 베풀고, 나누고, 사랑하고, 진정성을 보여주어 상대의 마음을 얻어야 했다. 상대의 마음을 얻는다는 것은 리더에게 그 어떤 것보다도 큰 힘이고 가치 있는 재산이다.

그렇다면 후배들의 마음을 얻고 함께 가기 위해서는 어떻게 해야 할까?

첫째, 감사의 마음을 전하라. 마음을 전하는 방법은 여러 가지가 있다. 하지만 뜻밖의 마음, 예상치 않은 마음과 행동을 보여주었을 때 상대는 더욱 감동받는다. 진정성 있는 감사의 마음을 전하는 것은 나와 그들 모두의 직장생활 만족도를 높여준다.

둘째, 매사에 진심으로 대하라. 진심을 포장한 거짓은 상대방이 먼저 알아차린다. 거짓된 마음은 설령 순간은 속일 수 있을지라도 결국 들통나고 만다. 상대방이 말을 하지 않는다고 해서 모르는 것이 아니라 나와의 거리를 넓히며 언제고 돌아설 준비를 하고 있는 것이다. 거짓된 마음으로 적을 만들지 마라.

　셋째, 끊임없이 실력을 키우기 위해 노력하라. 함께 가기 위해선 늘 준비된 사람이 되려는 노력이 필요하다. 실력이 있을 때 나의 말에 힘이 실린다. 그래야 결속력을 다질 수 있으며 필요할 때 도움이 되어줄 수 있다. 실력이 갖추어져 있을 때 더 많은 것을 나눌 수 있고 더 많이 베풀 수 있는 법이다.

　넷째, 한결같은 믿음이 있어야 한다. 내가 지금 잡은 상대방의 줄이 가늘어졌다고 소홀히 하지 마라. 사람은 언제 어디서 어떻게 어떤 모습으로 다시 만날지 알 수 없다. 한 번 맺은 인연은 소중히 여겨야 한다. 내가 힘들고 아플 때 진정으로 나를 위하는 이가 누구인지 알 수 있었던 것처럼.

　다섯째, 개개인의 다름을 인정하라. 이 세상에 똑같은 사람은 없다. 생김새도, 성격도 다 다르다. 잘할 수 있는 것도, 능력도 물론 다 다르다. 각자의 다양성을 인정하고 이해할 때 비로소 그들에게 한 걸음 더 다가갈 수 있다.

　마지막으로 실천하라. 지속적으로 실천하며 리더로서 솔선수범의 자세를 보여주어라. 그래야 믿고 따르는 사람도 생기고 마음을 얻을 수 있다.

　함께 가고자 하는 마음으로 일관되게, 진실되게 생활하다 보면 문득 옆을 돌아봤을 때 모두가 함께 있을 것이다.

:: 에필로그 ::

'사람'을 바라보는 리더가 되십시오

주변 사람들의 칭찬과 격려가 없었다면 이 책을 쓸 용기를 내지도, 마무리하지도 못했을 것이다. 37년의 직장생활은 그 무엇과도 바꿀 수 없는 소중한 나의 스펙이라고 말해준 김형수 교수의 한마디, 새로운 출발을 준비하라며 한결같은 지지와 응원으로 힘을 주신 서영득 대표, "당신은 조금 다른 리더"라고 말하며 후배들을 위해 펜을 들게 한 조영석 대표의 칭찬 한마디가 나에게 용기를 주었다.

후배들에게 해주는 한마디 한마디가 자칫 내 자랑으로, 잘난 척으로 비춰질 것 같은 우려에 글을 쓰는 내내 머쓱하기도, 약간은 불편하기도 했지만, 그럼에도 누군가에게는 나의 경험이 도움이 되었으면 하는 마음으로 숨김없이 허심탄회하게 써 내려갔다.

내가 겪었던 다양한 사례를 통해 직장인이라면 누구나 겪을 수 있는 상황을 타개하는 데 도움이 되길 진심으로 바라는 바다. 남의 경험도 내 것으로 받아들여 지혜롭게 헤쳐나가는 데 도움이 되길 바라는 마음은 평소 내가 강조하는 배려의 마음과 같다.

직장생활의 90% 이상은 사람과의 관계라고 할 만큼 '사람'은 직장생활을 하는 데 있어 중요한 부분을 차지한다. 사람과의 원만한 관계를 위해서는 커뮤니케이션 능력이 필요하다. 커뮤니케이션 능력을 갖추기 위해서는 상대방의 마음을 얻어야 하고, 상대방의 마음을 얻기 위해서는 나를 어필하는, 나를 잘 인식시키고, 나를 이해시키는 다양한 요소와 과정이 필요하다. 그중에서도 가장 중요한 것, 사람을 대할 때 밑바탕이 되어야 하는 것은 상대방에 대한 관심과 배려, 사랑이라고 생각한다.

내가 미래에 도달하고 싶은 직위(Position), 목표를 위한 머나먼 여정에 동료, 상사, 부하직원이 함께해준다면 멀고 지루하지만 반드시 도달할 수 있는 것이다.

무조건 나를 따르라는 오만과 독선의 리더십은 직원들로부터 지지를 이끌어낼 수 없다. 직원들에게 신뢰를 주고 따르게 하여 함께, 같이의 가치를 실천하는 '사람' 중심의 리더십이 진정한 리더십이다.

나는 남들보다 학력이 높은 것도 아니고, 남들보다 뛰어난 능력을 가지지도 못했지만, 그럼에도 "난 잘될 거야"라며 매사 긍정적인 사고와 열정으로 일해왔다. 상대가 직원이든 고객이든 배려와 나눔을 통해 소통하려고 노력한 덕분에 37년이라는 긴 직장생활을 무사히 마무리할 수 있었다고 생각한다.

조직의 목표도, 나의 목표도 혼자서는 이루기 어렵다. 핵심역량을 지닌 인적자원들이 모여 조직의 발전을 이뤄내기 때문에 최고의 경쟁력은 '사람'이다. '사람'이 재산인 것이다.

좋은 사람, 마음이 통하는 사람, 한 방향으로 힘을 낼 수 있는 사람들이 모여 그 모든 것을 이루어낸 것이다. 그러므로 사람에 대한 관심과 믿음, 사랑 없이는 리더가 될 수도 없다. 결국, 리더십의 핵심은 바로 '사람'이다.

나 역시 조직해서 성장하고 인생을 살아가는 데 있어서 주변의 많은 사람에게 큰 힘을 받았다. 할 수 있다는 용기와 살아가는 데 필요한 가르침을 준 인생의 멘토들을 이 책에 일일이 거론할 수 없어 아쉽지만, 감사한 마음만은 충분히 표하고 싶다.

소통과 다양성을 이끌어내는 리더!
사람을 중심에 두는 리더!

줄 수 있어야 하고, 받을 줄도 알아야 한다. 일상에서 나누고 베풀고 믿어주는 마음 안에서 기쁨과 감동이 전해지고, 그 감사의 마음이 새로운 에너지를 만들어 서로에게 힘이 되어줄 것이다. 이것이야말로 궁극적인 목표인 꿈도 이루고 모두가 행복한 삶을 살아가는 길이요, 기쁨 아니겠는가!

:: **부록** ::

팔로워를 이끄는
리더의 비결 Q&A

Q. 우리 팀과 업무에 필요한 역량을 갖춘 인재를 한눈에 알아보는 비결은 무엇일까?

A. 기업의 대표나 인사담당부서가 아닌 이상 사람을 뽑고 적재적소에 배치하는 능력, 인재를 알아보는 안목이 필요하지 않다. 대부분의 경우 상대를 고를 수 없는 환경에서 일한다. 완벽하지 않는 환경에서 팀을 만들고 이끌어가야 한다. 그러나 옛말에 하나를 보면 열을 안다고, 과제를 주고 처음 받아들이는 자세부터 과정과 결과를 보면 대략 그 사람을 파악할 수 있다. 사소한 일을 통해서라도 상대방을 파악하는 것이 중요하다. 잘 모르겠다면 다양한 질문을 해보라. 매사 긍정적인 사람이 좋은 결과를 가져오기 때문에 긍정적인 사고의 소유자인지, 업무지식 능력은 어느 정도인지 깊이 있는 대화와 질문을 통해 대부분 파악이 된다. '될성싶은 나무'라면 믿음과 신뢰를 바탕으로 상대방의 장점, 강

점을 끌어내어 역량 있는 직원, 즉 인재로 만들어 함께 가는 것이다.

Q. '일보다 사람이 100배는 더 힘들다'고 푸념하는 리더들이 많다. 사람을 키우기도 힘들지만, 오래 함께하는 것도 어렵기 때문이다. 좋은 팔로워와 오래 같이 하기 위해 리더가 최우선으로 고려해야 하는 것은 무엇인가?

A. 첫째도 둘째도 '진심', '진정성'이다. 진심으로 대한다. 조언을 아끼지 않는다. 본인들을 위해 하는 말이라고 느껴지도록 진심으로 말한다. 남들과 차별화하고 남들보다 조금 일찍 가려면 어떤 점을 보완해야 하는지 알려주고, 어떤 장점을 부각시키면 좋은 평가를 받을 수 있다는 식의 구체적인 조언을 아끼지 않는다. 조금은 직설적이지만 냉철한 평가를 해준다. 이 모든 것이 본인이 꿈꾸는 목표에 도달하기 위한 필요필수 과정임을 잊지 않도록 가족 같은 분위기를 만든다.

나는 직원들 각자에게 미션을 부여한다. 나는 엄마의 마음으로 여러 가지를 챙긴다. 남자직원에게는 힘쓸 일은 물론 우리 팀을 수호하는 아버지, 아들 역할을 부여하고, 막내인 신입직원을 쓰임새 있는 사람으로 잘 키우라고 미션을 준다. 만일 신입직원이 잘못하면 선배나 팀장들을 혼내는 이유이기도 하다.

나를 믿어주고 응원해주는 누군가가 있는 것처럼 힘이 되는 건 없는 것 같다. 권위를 앞세운 지시가 아니라 언니, 누나, 때론 엄마 같은 마음으로 대하라. 그리고 늘 베풀어라. 상사가, 리더가 베풀지 않으면 부하직원은 따르지 않는다. 먼저 베풀면 그 이상의 행복이 내게 돌아온다.

Q. 리더가 아무리 의지를 가지고 애정과 정성을 다해 팔로워를 양성하려 해도, 팔로워 스스로 하고자 하는 의지가 없으면 결국 성장은 요원하다. 하지만 리더의 역할 중 중요한 것이 팔로워를 성장시켜 함께 성과를 내는 조직을 만드는 것이기도 하니 쉽게 포기할 수 있는 부분은 아니다. 성장 의지가 없는 팔로워는 어떻게 이끌어야 할까?

A. 우선 상대방의 문제점이 무엇인지를 정확히 찾아내야 한다. 방법을 몰라서 못하는 건지, 다 알면서 의지가 없어서 그런 건지, 단지 성격 탓인지 등등의 원인을 찾아본다. 직위를 앞세워 무조건 나를 따르라고 떠미는 것이 아니라 원인을 찾아 함께 가야 한다. 꿈도 있고 목표도 있으나 방법을 몰라서 못하는 것이라면 이제부터 하나하나 가르쳐줄 테니 나를 믿고 함께 가자고 이끌어주면 될 것이고, 의지가 없는 거라면 그 원인이 무엇인지 끄집어내어

함께 고민하고 방법을 찾아본다. 육아문제나 승진지연에 따른 불편함, 연봉에 대한 불만 등 원인이 있을 것이다. 사항에 맞는 방법 제시나 조언, 이해 등을 통해 비전을 제시하고 용기를 끌어내준다. 그럼에도 목표도 없고, 꿈도 없고, 아무런 의욕도 없다면 새로운 길을 찾아갈 것을 강력하게 종용한다.

함께 가기 위해서는 다 같은 마음이어야 하는데 그렇지 않다면 열심히 하고자 하는 동료에게 피해를 줄 수 있으므로 과감히 팀에서 빼는 방법을 선택한다. 만일 여건이 그렇지 못하여 할 수 없이 끌어안고 가야 한다면 그에 맞는 개별업무를 부여하고 기존 직원들에겐 이해를 구한다. 그리고 그 때문에 직원들이 부담해야 하는 일에 대해서는 평가로 보상해준다.

평소 직원들과 소통의 방법으로 자주 쓰는 방법 중 하나가 '편지'이다. 칭찬, 격려, 용기 등이 필요할 때 개인적으로 따로 불러 차 한잔 마시는 시간을 갖기도 하지만, 손편지를 자주 이용한다. 말보다는 솔직한 한 줄의 손편지가 효과적이다. 서로 교감이 이루어지고 신뢰가 쌓여갈 때 마음은 열린다. 부하직원이 다소 지치고 힘들어한다면 진심 어린 편지 한 장을 써서 건네보자.

Q. 초보 리더의 가장 큰 고민이 '잘 혼내는 법'이다. 매일 보는 사이인데 말하기 껄끄러워서, 열심히 하는 걸 뻔히 아는데 상처받을까 봐 잘못한 일도 '실수일 수 있으니 다음에 또 반복되면 그때 바로잡지'

하고 삼키는 경우가 많다. 언제 어떤 방법으로 잘못을 주지시키고 바로잡는 것이 좋을까? 그리고 질책 이후에는 어떤 액션이 필요한가?

A. 나 역시 누군가를 혼내는 데 익숙하지 않다. 하지만 질책할 일이 있다면 반드시 메시지는 전달한다. 대신 모든 문제가 해결된 후에 행동한다. 문제의 사안에 따라 다르다. 가벼운 정도라면 마치 대인배처럼 가볍게 넘어간다.

"다음에 또 이런 일 생기면 안 되는 거 알지?"

"이제 경험했으니 다음엔 잘할 수 있겠지? 그럼 이제 잊어버려!"

강도가 세서 그냥 넘기기 힘든 사항이라면 불러서 진지하게 묻는다. 일련의 과정에서 무엇이 문제였고, 본인의 과실은 무엇인지. 그리고 다시 한 번 명확하게 짚어준다. 어떤 점이 문제였는지, 올바른 방법은 무엇이었는지.

신입직원, 경력직원, 팀장에 따라 질책의 강도가 달라지는 건 당연하다. 신입이 잘못했을 경우엔 팀장을 혼낸다. 신입직원을 관찰하고 교육하는 것은 제일 가까이에서 보는 팀장의 역할이므로 팀장을 질책하고, 당사자인 신입에게는 업무지식 및 프로세스를 더 열심히 공부하고 배우라는 정도의 메시지만 전달한다. 문제가 생겼을 때 가장 질책을 많이 받는 대상은 팀장이다. 그들은 이미 리더이고 곧 최고관리자가 될 사람들이기 때문이다. 질책 후 일주일 정도의 자숙시간이 지나면 커피를 쏜다든지 티미팅이나 식사를 하면서 분위기를 바꿔준다.

Q. 중간리더는 상사와 부하 사이에서 줄타기를 잘해야 한다. 완전한 사측의 입장은 아니지만, 일정 부분 회사의 입장을 대변해야 하고 때로는 직원의 입장에서 편을 들어야 할 때도 있다. 명확한 기준 없이 설왕설래한다면 두 가지 역할을 모두 제대로 수행하지 못하고 만다. 이런 고민을 하는 초보 리더들에게 경험을 바탕으로 조언해준다면?

A. 중간리더! 정말 중요하다. 향후 어떤 최고관리자가 되느냐는 이 시점을 어떻게 지냈느냐에 따라 달라진다. 기업이 기업의 미션(조직의 존재 이유·목적·역할), 비전(달성해야 하는 모습), 핵심가치(조직원의 신념·행동·경영원칙)를 바탕으로 조직을 이끌어가듯이, 먼저 개인의 목표, 미션을 정하고 나만의 원칙과 지지대를 만들어라. 그 지지대가 팀을 이끌어나감에 있어 흔들리지 않는 기둥이 되어줄 것이다.

또한, 최고관리자나 조직의 현안 등에 대한 다양한 정보를 직원들과 공유한다. 평소 자연스럽게 직원들이 잘 모르는 조직의 현안, 과제, 경영자나 최고관리자 측의 입장, 조직분위기 등을 포괄적으로 알려준다. 직접적인 메시지는 아니어도 대략 공감하는 분위기를 만들어놓는다. 직원들의 예측 가능한 저항을 미리 예방해 두는 차원에서 필요하고 효과적이다.

지금 전체적으로 돌아가는 현안을 알려줌으로써 어쩔 수 없이 해야 하는 상황임도 이해시킨다. 지시와 명령에 따라서가 아닌 자연스럽게 해야만 하는 상황임을 인지하도록 한다. 이 과정에서 직원들의 의견을 받아들여 병행할 수 있다면 불평불만을 상당히 줄일 수 있고 위로부터의 과제를 수행하기가 훨씬 수월해진다.

무엇보다 팀에 대한 확신, 나에 대한 신뢰를 가지도록 노력하라. 그러면 직원들은 하고자 하는 마음이 생기고, 하고자 하는 마음이 보태져 행동으로 이어지고, 그 행동에는 이의가 없어진다. 결국, 상사로부터 인정받고 부하직원으로부터 신뢰받는 길이기도 하다.

Q. 리더로서 성과에 집중하다 보면, 사람에 소홀할 때가 있다. 그럴 때 구성원들의 사기를 돋우면서 끝까지 업무도 마치고 목표를 주지시키는 좋은 팁이 있다면?

A. 나는 대화의 시간을 많이 가진다. 요즘은 저녁 회식보다 아침 조찬 모임을 더 선호한다. 특별히 일찍 오라고 하기보다는 일찍 출

근해 있는 직원들과 티미팅을 갖기도 한다. "오늘 날씨가 좋으니 선착순 다섯 명에게 커피 쏠게" 하고 자연스럽게 차 한잔 하면서 대화를 나눈다. 직원들 생일축하파티도 주로 조찬행사로 진행한다.

편안한 자리에서 개인적인 근황, 애로사항, 최근 관람한 영화 등 다양한 소재로 직원들이 수다를 떨며 마음의 짐을 풀어내도록 한다. 또한, "힘든 거 다 안다. 힘들겠지만 조금 더 기운 내고 잘 지내보자"라는 응원의 메시지도 자연스럽게 전달한다. 회의 석상이나 공식적으로 모아놓고 전달하는 것보다 공감대가 높고 훨씬 효과적이다.

Q. 팀원들끼리 감정적인 갈등이 있을 때 중재하는 노하우가 있다면?

A. 가끔 분위기가 심상치 않음을 느낄 때가 있다. 관찰하다가 조금 한가한 시간을 통해 차 한잔 마시자고 해서 요즘 힘든 건 없는지, 업무 처리에 장애요인은 없는지, 내가 도와줄 건 없는지, 자연스럽게 이런저런 질문을 하면서 스스로 얘기를 꺼내도록 유도한다. 의도하에 질문하고 대화를 이끌어가면 자연스럽게 어려운 점을 이야기한다. 의견을 충분히 들어주고 그럼에도 넌 크게 될 사람이고 너니까 이런 사소한 것에 목숨 걸지 말라고, 크게 보고 상대

방을 이해하고 봐주라고, 너의 어떤 점도 상대방에겐 편치 않았을 것이라고, 지적과 함께 대범하게 행동할 것을 권하고 지켜보겠다고 전한다. 사람으로 인한 갈등이라면 시간 차를 두고 다른 이를 불러 똑같은 방법으로 묻고 상대방을 이해하고 봐주라고 한다. 그렇지 않으면 상대방이 아니라 본인이 저평가를 받게 되는 것이라고.

상사에 대해 불만인 경우에는 부하직원의 의지로 상사를 바꿀 순 없으니 상사의 좋은 점을 찾아보고 상사를 자기편으로 만들어보라고 한다. 부하직원이 불만이라면 상사로서 부하직원 마음 하나 못 얻느냐며 진심으로 대하라고 한다. 일이 많아 출근하기 싫은 직장은 있을 수 있지만 적어도 사람이 싫어서 출근하기 싫은 직장은 만들지 말아야 한다.

Q. '팀워크가 먼저일까, 업무 성과가 먼저일까'는 리더들의 영원한 고민이다. 팀워크가 잘 갖춰져야만 업무 성과가 나기 마련이지만 성과 없이 팀워크만 좋아서는 동아리 수준에서 벗어나지 못한다. 두 마리 토끼를 모두 잡은 비결은 무엇인가?

A. 모든 일에는 시간이 필요하다. 팀워크가 형성되고 시너지가 생기는 시점이 6개월부터라고 본다. 공동의 목표, 각자의 역할, 공감

대가 형성되지 않은 상태에서도 얼마든지 업무성과는 나타나고 높을 수 있다. 하지만 오래가지 못한다. 6개월에서 최대 1년이다. 길게 가려면 팀워크를 다져가면서 과제도 함께 가지고 가야 한다. 물론 과제에 따라 우선순위가 있고 중요도, 조기달성 여부에 따라 그때그때 해결해야 하는 현안들도 있지만, 큰 그림에서의 팀의 목표, 과제는 초반부터 밀어붙이면 금방 지쳐서 오래가지 못한다.

그러므로 조직원으로부터 충성심을 이끌어내야 하고, 즐겁게 일할 수 있는 여건을 만들어주어야 하고, 개개인의 능력을 발굴하여 확대, 발전할 수 있게 도와주어야 한다. 이 과정에서 성과가 나타나고 지속적으로 이어지는 것이다. 결국, 성과는 사람에게 달려 있다. 꾸준히 노력해나가야 한다. "그 시절 난 참으로 열심히 일했는데. 그립다, 그 사람들, 그 시간들…" 이런 마음이 들 만큼 함께 일할 수 있음에 자부심을 느끼도록 하는 것이 최고의 리더이고, 최고의 성과를 내는 방법이라고 본다.

Q. 일이 목표한 것처럼 진행되지 않고, 팀원들마저 이끄는 방향으로 따르지 않을 때 리더는 '나의 잘못이 무엇인가' 심각하게 고민하게 된다. 이런 상황이 올 때마다 쉽게 자괴감에 빠지는 초보 리더들에게 알려줄 문제를 해결하는 팁이 있다면?

A. 결과가 목표만큼 나오지 않는 경우는 있지만, 리더가 이끄는 방향으로 가지 않음은 다른 문제인 거 같다. 과제, 목표가 정해지면 과제의 취지나 달성해야 하는 방법 등 과정 전체에 대해 충분히 논의하여 처음부터 다 함께 공유하고 가야 한다. 속도보다 방향을 잘 잡아야 한다.

조종경기를 떠올려 보라. 코치라면 선수 각자에게 역할을 부여하고 해야 할 일에 대해 정확하게 짚어주고 한마음으로 출발할 수 있도록 한다. 그렇게 진행했음에도 난관에 부딪혀 막히고 성과를 내지 못하는 경우도 많다. 하지만 중간에 포기해서는 안 된다. 중간중간 잘 가고 있는지, 잘 따라오고 있는지 격려하면서 끝까지 최선을 다해야 한다. 다 함께 열심히 했다면 그것으로 됐다고 생각한다. 물리적으로 달성하기 어려운 상황, 예측 불가능한 일이었다면 다음 기회엔 잘할 수 있다는 것 아니겠는가. 실패를 인정하고 이번 과정에서의 문제점이 무엇이었는지 파악한다. 직원교육이 필요했던 것인지, 전체의 공감대나 인식이 부족했던 것인지, 트렌드나 분위기를 읽지 못한 리더의 판단에 문제가 있었던 것인지 파악하여 그 내용을 토대로 새로운 계획을 짜고 실행에 옮긴다. 이런 과정이 쌓이고 쌓이는 것이 내공이고 경쟁력이 아니겠는가.

Q. 직위가 높아지다 보면 팔로워들의 목소리(업무에 대한 것, 조직에 대한 것 등)와 점점 멀어질 수 있는데 팀원들의 의견 청취를 할 수 있는 특별한 방법이 있다면?

A. 대부분 직원의 불만은 공통적이다. 일이 많다. 상사가 알아주지 않는다. 불필요한 회의가 많다. 회의 자료가 너무 많다. 지시가 일관성 없이 자주 바뀐다. 결정하지 못하고 자꾸 미룬다. 결제하는 데 너무 시간이 오래 걸린다. 쓸데없는 일에 자주 동원이 된다. 상사가 말로만 지시하고 행동은 하지 않는다 등.

스스로 리더로서 상기 내용이 본인과 상관없는 이야기라면 앞에서 말했듯이 일정 기간 경과 후 피드백을 받아본다.(나의 경영방침에 대해 잘하고 있는 점, 고쳤으면 하는 점) 평소 티타임, 간식시간, 회식 등에서 자연스럽게 다양한 질문을 통해 직원들의 마음과 생각을 들어본다. 나와 같은 목적을 가지고 나를 따를 수 있게 만드는 것이 목표 아니겠는가.

Q. 리더십은 다양한 모습으로 나타난다. 팔로워를 강력하게 이끄는 카리스마형, 조직과 팔로워를 서포트하는 서번트 리더십. 무엇이 좋고 나쁘다를 평하기보다는 상황에 따라 더 효과적인 것이 있다. 어떤 리더로 기억되고 싶은가?

A. 나는 사람을 향한 리더이고 싶었고 그렇게 기억되고 싶다. 사람, 즉 인재가 최고의 경쟁력이기 때문이다. 리더 혼자 성과를 창출하는 것은 불가능하다. 우리 팀에 역량 있는 직원이 얼마만큼 있느냐가 성과를 달리하는 것이다. 성과든, 각자의 꿈이든, 지시와 명령에 따라 움직이는 팀원이 만드는 것이 아니라, 스스로 움직이고 창의적인 사고로 조직의 목표를 위해 앞장서려는 사람이 만드는 것이다.

직원들은 자신을 믿어주고 아껴주는 리더를 따르고 신뢰한다. 결국, 마음을 얻는 것이 제일 중요하다고 본다. 그러기 위해서는 진정성이 있어야 하고 자신만의 원칙(정직, 윤리의식, 나눔, 배품, 사랑)을 변함없이 지켜나가야 한다. 각자의 강점, 잠재역량을 찾아내서 꿈과 비전을 갖게 하여 성과를 극대화함으로써 서로 윈윈(win-win)하는 것이다.

북큐레이션 • 상위 2% 탁월한 리더로 성장하고 싶은 직장인이 읽어야 할 라온북의 책
평범한 직원이 좋은 팀장과 리더로 성장하기 위해 갖춰야 할 직장 생활 스킬을 알려드립니다.

초보리더를 위한
최고의 성과를 내는
실전 리더십 가이드

성과 내는 팀장의 40가지 조건

이재정 지음 | 13,800원

**혼자 일하는 초보 리더에서
팀을 성장시키는 리더로 인정받기까지
신한카드 전 부사장이 알려주는 '리더가 알아야 할 모든 것'**

이 책은 자신의 직원들을 남들보다 뛰어나게 하려는 목표를 가졌거나, 범상치 않은 경력을 만들어주려 하거나, 화려한 실적을 쌓아주려 하는 리더들에게는 맞지 않다. 이 책은 평범한 직원들을 평범함 속에서 훌륭하게 육성해보려는 리더들을 위한 책이다. 멀리서 뛰어난 인재를 데려오려는 노력보다는, 함께 있는 직원들의 잠재력을 발견하여 일깨워내려는 리더들에게 도움이 될 것이다. 직원들의 잠재력을 일깨워서 자신감을 불어넣고 행복하게 해주고 싶은 팀장이라면 일독을 권한다.

10년 후의
직급을 결정하는
처세의 모든 것!

리더에게 인정받는 직원의 40가지 비밀

황인태 지음 | 13,800원

**평범한 사람은 어떻게 핵심인재로 성장하는가?
한국후지제록스 전 대표이사가 알려주는
'인정받는 직원'의 비밀!**

평생직장의 개념이 없어지면서 현대의 직장인들이 방황하고 있다. '과연 이 회사에 몸바쳐 일하는 것이 맞을까?', '이 회사에서 얼마나 더 일할 수 있을까?' 헷갈리고 걱정스럽다. 이럴 때일수록 '자신감'과 '주인공의식'을 회복하는 것이 중요하다. 저자는 '이왕 직장생활을 시작했으니 임원은 한번 되어봐야지.'라고 꿈을 세운 후 인생이 크게 바뀌었다고 한다. '지금 답답하다면 꿈의 크기를 점검하라. 목표는 크게 세워야 한다.'는 저자의 메시지가 울림이 큰 이유이다. 어떻게 하면 조직에서 인정받는 핵심인재가 될 수 있을지 궁금하다면, 반드시 이 책을 필독하라!

삼성처럼 프레젠테이션하라

박지영 지음 | 13,800원

**이기는 PT를 하고 싶다면 당장 따라 해라
당신을 바라보는 상사들의 눈빛이 바뀐다!**

많은 직장인들이 효과적으로 프레젠테이션을 하는 데 도움을 화술, 슬라이드 작성법 등에 관심을 기울인다. 그러나 프레젠테이션은 멋지게 발표하는 것이 목적이 아니다. 프레젠테이션은 청중, 고객, 상사, 경영진을 설득하기 위해서 하는 것이다. 매끄러운 화술과 폼 나는 이미지로 호감을 사고, 웃기고, 사로잡고, 감동을 주려는 것도 모두 그들을 설득하기 위한 것이다. 그들을 설득해서 상품을 팔고, 계약을 따내고, 프로젝트를 승인받는 것이 프레젠테이션의 목적이다. 삼성물산에서 해외사업을 담당하며 프레젠테이션의 노하우를 쌓은 저자가 쓴 이 책은 그럴듯하기만 한 프레젠테이션이 아닌 계약을 따내고 성과를 올리는 프레젠테이션을 하는 데 도움을 줄 것이다.

글로벌 코드로 일하라

곽정섭 지음 | 13,800원

**언제까지 전 세계 1%도 되지 않는
비좁은 국내 시장에서 경쟁할 것인가?
99% 넓은 시장으로 눈을 돌리면 1000배 많은 기회가 있다!**

사회적 서비스망이 잘 갖춰져 있지만 아직 청년과 비즈니스맨들의 아이디어, 도전정신이 부족하다. 세상을 들썩이게 하는 아이템은 우리보다 기술적으로 뒤처진 미국, 중국, 인도에서 나오는 것이 현실이고, 오히려 우리나라는 미투(me too) 전략 같은 후발 주자로서 유명 콘텐츠를 따라가기에 바쁘다. 이 책에는 지난 30여 년 간 국제 비즈니스 무대를 온몸으로 경험한 저자의 이야기가 담겨 있다. 우리 청년들이 주인공으로, 세계무대에 설 수 있는 기회를 놓치지 않도록 100배, 1000배 큰 세계 시장에서 가능성을 펼칠 수 있는 구체적인 방안을 알려준다.